V&R

Handlungskompetenz im Ausland

herausgegeben von
Alexander Thomas, Universität Regensburg

Vandenhoeck & Ruprecht

Claudia Appl
Annalena Koytek
Stefan Schmid

Beruflich in der Türkei

Trainingsprogramm für Manager, Fach- und Führungskräfte

Vandenhoeck & Ruprecht

Die 8 Cartoons hat Jörg Plannerer gezeichnet.

Bibliografische Information der Deutschen Nationalbibliothek

Die Deutsche Nationalbibliothek verzeichnet diese Publikation in der
Deutschen Nationalbibliografie; detaillierte bibliografische Daten
sind im Internet über http://dnb.d-nb.de abrufbar.

ISBN 978-3-525-49006-8

Satz: Satzspiegel, Nörten-Hardenberg
Druck und Bindung: ⊕ Hubert & Co, Göttingen

Gedruckt auf alterungsbeständigem Papier.

■ Inhalt

Vorwort   7

Einführung in das Training   11

Themenbereich 1: Ehre und Ansehen   19
Beispiel 1: Der Besuch   19
Beispiel 2: Die Nachbarinnen   23
Beispiel 3: Das Computer-Netzwerk   27
Kulturelle Verankerung von »Ehre und Ansehen«   31

Themenbereich 2: Mitmenschlichkeit   39
Beispiel 4: Die Stadtführung   39
Beispiel 5: Die Beerdigung   43
Kulturelle Verankerung von »Mitmenschlichkeit«   47

Themenbereich 3: Beziehungsorientierung   55
Beispiel 6: Die Grillfeier   55
Beispiel 7: Die neue Schreibkraft   59
Beispiel 8: Der Vertrag   62
Kulturelle Verankerung von »Beziehungsorientierung« . . .   66

Themenbereich 4: Hierarchieorientierung   73
Beispiel 9: Der Besuch   73
Beispiel 10: Die Diskussion   77
Beispiel 11: Das Hilfsangebot des Chefs   82
Kulturelle Verankerung von »Hierarchieorientierung« . . .   86

Themenbereich 5: Relativismus von Regeln und Zeit   93
Beispiel 12: Der Termin   93
Beispiel 13: Die Genehmigung   97
Kulturelle Verankerung von »Relativismus von Regeln und
Zeit« 102

Themenbereich 6: Indirekte Kommunikation 109
Beispiel 14: Der Schuhkauf 109
Beispiel 15: Die Hand auf der Schulter 113
Beispiel 16: Das Lob 117
Kulturelle Verankerung von »Indirekte Kommunikation«   121

Themenbereich 7: Händlermentalität 127
Beispiel 17: Beim Einkaufen 127
Beispiel 18: Der Prototyp 131
Kulturelle Verankerung von »Händlermentalität« 135

Themenbereich 8: Ambivalenter Nationalstolz 141
Beispiel 19: Das Gespräch 141
Beispiel 20: Der neue Präsentationsraum 145
Kulturelle Verankerung von »Ambivalenter Nationalstolz« 149

**Kurze Zusammenfassung der türkischen
Kulturstandards** 154

**Schlussbemerkungen: Türkei – Auf dem Weg nach
Europa?** 157

Literaturempfehlungen 161

Literatur 163

◼ Vorwort

Was haben ein nobler Anzug aus dem Hause Hugo Boss und eine MAN-Reisebus gemeinsam? Äußerlich nicht viel, möchte man meinen, und dennoch werden beide in der Türkei produziert. Mit mehr als 2000 deutschen Unternehmen, die in der Türkei tätig sind, stellt Deutschland die größte Zahl der in der Türkei investierenden ausländischen Unternehmen und ist seit mehreren Jahren der wichtigste Wirtschaftspartner der Türkei – Tendenz weiter steigend. Dies bedeutet für eine zunehmende Anzahl von Menschen aus beiden Ländern vermehrten Kontakt und Zusammenarbeit (Auswärtiges Amt, 2006). Dennoch sind sich viele Deutsche des Ausmaßes der wirtschaftlichen Beziehungen mit der Türkei nicht bewusst und verbinden mit dem Land eher Urlaubsreisen, 1001 Nacht oder politische Diskussionen über den EU-Beitritt, den Islam und die Situation der türkischstämmigen Migranten in Deutschland.

Zwar ziehen diese vielfältigen Berührungspunkte Deutscher mit Türken eine zunehmend detailliertere Berichterstattung über die Türkei nach sich, das Wissen Deutscher über das Land, dessen Bewohner und vor allem deren Wertvorstellungen und Verhaltensweisen besteht jedoch noch oft aus recht vagen und unkonkreten Vorstellungen, die meist auf Kenntnisse über Türken in Deutschland bauen – und die nur sehr eingeschränkt auf die Türkei übertragbar sind.

Hier herrscht eine Asymmetrie vor, denn für viele Türken besitzt Deutschland eine ganz besondere Bedeutung und erfährt besondere Aufmerksamkeit, gar Bewunderung. Dies ist zum einen historisch bedingt und reicht bis zu Zeiten der »Völkerfreundschaft« des Kaiserreiches und Osmanischen Reiches zurück. In neuerer Zeit tragen wirtschaftlicher und technischer

Fortschritt sowie die Verheißung finanziellen Erfolgs zu einem noch sehr positiven Bild Deutschlands bei, auch wenn die EU-Beitrittsverhandlungen an diesem Image kratzen.

Um effektiv und für beide Seiten zufrieden stellend zusammenarbeiten und -leben zu können, sind jedoch differenzierte Kenntnisse über Hintergründe und handlungsrelevante Aspekte der türkischen Kultur und eine beträchtliche Anpassungsleistung erforderlich. Die Praxis zeigt, dass sich Türken in unterschiedlichsten Lebensbereichen oft völlig anders verhalten, als Deutsche dies erwarten. Verunsicherung, Verärgerung bis hin zur Abwertung des türkischen Partners und gar Beziehungsabbruch sind die nicht seltenen Folgen.

Es erwartet niemand von Ihnen, dass Sie in der Türkei oder bei der Zusammenarbeit mit Türken gleich einem interkulturellem Chamäleon selbst zu einem Türken werden. Doch zu wissen, dass sich die türkische Kultur fundamental von der deutschen unterscheidet und diese Bereiche zu (er)kennen, wird Ihnen erleichtern zu verstehen, warum sich Ihre türkischen Kollegen, Geschäftspartner oder Klienten so verhalten und Ihnen Möglichkeit eröffnen, Missverständnissen vorzubeugen und Fehlinterpretationen zu reduzieren. Konflikte lassen sich so nicht völlig ausschalten, aber Sie können unnötige Reibungsverluste vermeiden und aus unvermeidlichen Fettnäpfchen schneller und zielgerichteter lernen.

In vielen Bereichen der deutschen und türkischen Kultur bestehen durchaus Ähnlichkeiten. Dieses Trainingsprogramm konzentriert sich jedoch ausschließlich auf die Unterschiede zwischen den beiden Kulturen, da diese für Probleme und Spannungen in Kooperationen verantwortlich sind und daher besonderer Aufmerksamkeit bedürfen.

Die Basis für dieses Buch stellt die Analyse von umfangreichen Interviews mit deutschen Fach- und Führungskräfte dar, die in der Türkei gelebt und gearbeitet haben. Dies bedeutet, die präsentierten Fälle sind authentische und repräsentative Problemkonstellationen, denen auch Sie begegnen können und die aus deutscher Sicht typische Facetten türkischer Kultur illustrieren. Die weitere Analyse der Situationen erfolgte durch ein Team von Experten, die profunde Kenner beider Länder sind. Deren Perspektiven aus unterschiedlichen Fachdisziplinen (Politologie, Soziologie, Geschichte, Turkologie etc.) bilden die Grundlage für Erklärungen der Situationen und die kulturhistorischen Herleitungen der kulturellen Differenzen. Die Daten wurden im Rahmen eines Forschungsprojektes an der Universität Regensburg erhoben und nach neuestem Stand der interkulturellen Forschung zu einem Selbstlernprogramm aufbereitet. Zielgruppe des Programms sind sowohl Fach- und Führungskräfte, die selbst in der Türkei tätig sein werden, als auch Personen, die hier in Deutschland mit Türken zusammenarbeiten.

Die türkische Kultur ist natürlich viel komplexer als in diesem Buch dargestellt. Lehren und Lernen bedeutet immer ein Reduzieren der Sachverhalte, um deren Aufnahme zu erleichtern. Deswegen fassen Sie die hier vorgestellten Kulturstandards als ein Rahmengerüst auf, das nicht alles erklären kann und von Ihnen im Laufe des Kontaktes mit Türken mit eigenen Erfahrungen ergänzt und verfeinert werden kann. Die Kulturstandards sollen helfen, Ihren Fokus zu erweitern und neue Motive für das Handeln Ihrer türkischen Kommunikationspartner kennen zu lernen. Allerdings sind auch Türken verschieden. Deswegen können diese Kulturstandards nicht jedes Verhalten erklären, insbesondere vor dem Hintergrund der multiethnischen Zusammensetzung der türkischen Gesellschaft (20 % sind Kurden).

Wenn Sie in diesem Trainingsprogramm feststellen, dass in der Türkei »einiges anders läuft«, als sie es aus Deutschland gewohnt sind, kann dies zunächst verunsichern. Nutzen Sie diese Verunsicherung als Motivation, sich intensiv auf die Umstellung vorzubereiten. Denn genau in dieser Vorbereitung liegt der Grundstein für den gewünschten Erfolg Ihrer deutsch-türkischen Kooperation.

Claudia Appl
Annalena Koytek
Stefan Schmid

◼ Einführung in das Training

◼ Zielsetzung und theoretischer Hintergrund

Hat man beruflich mit einer fremden Kultur zu tun, ergeben sich in der Zusammenarbeit manchmal Missverständnisse und Reaktionen, mit denen man nicht gerechnet hat. So mag es sein, dass ein Führungsstil, der in Deutschland üblich ist, in der Türkei als unangemessen, ja sogar kontraproduktiv erachtet wird. Ziel und Aufgabe dieses Orientierungstrainings ist es, Deutsche, die mit Türken in Kontakt kommen, für solch kulturelle Unterschiede zu sensibilisieren, ihnen das Verstehen dieser Verschiedenheit zu erleichtern und Wege aufzuzeigen, diese zu überbrücken und produktiv zu nutzen.

Kultur beeinflusst und prägt, wie wir denken, fühlen und handeln. Schon von Kindesbeinen an lernen wir als Mitglieder einer Nation die Normen, Werte und Regeln unserer sozialen Umwelt, die uns durch ihr alltägliches Wiederkehren mit der Zeit selbstverständlich erscheinen. Dadurch, dass alle Mitglieder einer Kultur diese Regeln teilen, wird das tägliche Leben erleichtert, die Wahrscheinlichkeit von Missverständnissen reduziert sich und erfolgreiches und befriedigendes Zusammenleben wird möglich. Kultur lässt ihren Angehörigen als System von Werten, Normen, Regeln und Einstellungen eine Fülle von Möglichkeiten, ihr Handeln zu gestalten und das Handeln anderer zu interpretieren. Andererseits werden durch die landesspezifische Kultur auch Grenzen dafür gesetzt, was als richtig, normal und denkbar angesehen wird.

Möchte man Kultur beschreiben und vermitteln, ist es hilfreich, typische Bausteine zu ermitteln, so genannte Kulturstandards. Sie sind die von den in einer Kultur lebenden Menschen geteilten Maßstäbe zur Ausführung und Beurteilung von Verhaltensweisen, also sozusagen die zentralen Kennzeichen der Kultur. Dabei dürfen sie nicht als absolute Norm verstanden werden: Individuell treten verschiedene Interpretationen der Kulturstandards auf, das heißt es gibt durchaus Schwankungen und Abweichungen im Verhalten, die in einem gewissen Rahmen von den Mitgliedern einer Gesellschaft toleriert werden.

Kulturstandards haben sich nicht zufällig entwickelt, sondern sind in der Geschichte einer Gesellschaft verwurzelt und untereinander auf vielfältige Art und Weise verknüpft. Sie sind Resultat einer langen Auseinandersetzung der Menschen mit historischen Gegebenheiten und sozialen, politischen und ökonomischen Ereignissen und stellen praktikable Antworten auf die Lebensbedingungen und Anforderungen einer Epoche auf kollektiver Ebene dar. Damit besitzen sie eine hohe Kontinuität: Einschneidende Veränderungen in den Lebensbedingungen eines Volkes, die dazu führen, dass sich dessen Handeln und Verhalten ändert, können auch die ihm eigenen Kulturstandards in einem langsamen Anpassungsprozess verändern.

Auf Grund der unterschiedlichen Lebensbedingungen in verschiedenen Regionen der Erde haben sich von Gesellschaft zu Gesellschaft unterschiedliche Regeln und Normen für den Umgang miteinander herausgebildet. Die Selbstverständlichkeit bestimmter Verhaltensroutinen wird erst in interkulturellen Begegnungssituationen in Frage gestellt, wenn verschiedene kulturelle Orientierungssysteme aufeinanderprallen. Weil wir die für uns normalen Regeln der eigenen Kultur unbewusst und automatisch gebrauchen, wenden wir sie auch im Kontakt mit Personen an, die aus einer anderen Kultur stammen und die ebenso automatisch auf ein anderes Werte- und Normensystem, andere Kulturstandards, zurückgreifen. Deshalb werden im interkulturellen Kontakt gewohnte Verhaltensweisen teilweise nicht oder falsch verstanden und es kommt zu Missverständnissen und unerwarteten Reaktionen. Der dadurch entstandene Orientierungsverlust reicht oft über die berufliche Sphäre in private Lebensbereiche hinein und kann sogar zu psychischen beziehungsweise psychosomatischen Beschwerden führen. Deshalb ist es unerlässlich zu verstehen, was die beobachteten fremdkulturellen Verhaltensweisen bedeuten. In diesem Lernpro-

zess kommt Kulturstandards eine Schlüsselrolle zu: Als zentrale
Kennzeichen der fremden Kultur ermöglichen sie ein tieferes Verständnis für die Bedeutung und Sinnhaftigkeit der gezeigten Verhaltensweisen und eröffnen variable Handlungsmöglichkeiten, die
nach und nach eigenständig konstruiert werden können. Diese
Grundlage interkultureller Kompetenz erschöpft sich dabei nicht
im bloßen Imitieren fremdkultureller Handlungsmuster, vielmehr
wird die Fähigkeit zur partnerschaftlichen Interaktion geschaffen,
da die kulturellen Selbstverständlichkeiten, Denk- und Verhaltens-
gewohnheiten des Partners erkannt und respektiert werden.

■ Hinweise zum Verständnis des Trainingskonzepts

Um das Trainingsmaterial auf Basis des Kulturstandardkonzeptes
erfolgreich anwenden zu können, sind folgende Hinweise wichtig:
– Dieses Trainingsmaterial richtet sein Augenmerk auf die konkrete Handlungsebene im interkulturellen Umfeld und versucht darzulegen, an welchen Stellen der deutsch-türkischen
   Zusammenarbeit von Fach- und Führungskräften es typi-
   scherweise zu kulturbedingten Reibungen kommen kann, wie
   diese verstanden werden können und wie ihnen begegnet werden kann. Deshalb wird auf Abhandlungen über kulturtypi-
   sche Rahmenbedingungen wie Politik oder eine spezifische
   Esskultur verzichtet. Diese Bereiche sind zwar als ebenfalls von
   Bedeutung, können aber in jedem handelsüblichen Reiseführ-
   rer nachgelesen werden.
– Da es sich bei Kulturstandards um kategoriale Bestimmungen
   handelt, besitzen sie stereotypen Charakter. Trotzdem unterscheiden sie sich deutlich von Vorurteilen: Vorurteile sind ver-
   einfachte, unreflektierte Annahmen und Wertungen, die auf
   der Basis einer geringen Wissensbasis getroffen werden. Bei
   Kulturstandards handelt es sich im Gegensatz dazu um Beschreibungen zentraler Merkmale einer Kultur, die aus systema-
   tischer Analyse realer, alltäglich erlebter Handlungssituationen
   gewonnen wurden und durch weiterführende Recherche wis-

senschaftlich validiert wurden. Sie stellen damit als wertneutrale Typisierungen ein wichtiges Denkwerkzeug dar, da ohne diese Vereinfachung eine Aufnahme und Verarbeitung solch komplexer und vielschichtiger Lerninhalte wie die Beschreibung und Vermittlung einer Kultur gar nicht erst möglich wäre. Entscheidend ist jedoch, dass die Stereotype wie im Trainingsmaterial realitätsnah konstruiert sind, offen gegenüber weiteren Differenzierungen sind und dass ihnen bewusst begegnet wird. Es ist also wichtig, sich vor Augen zu halten, dass Beschreibungen und Verallgemeinerungen über »die Türken« immer Aussagen über vorherrschende Tendenzen sind, im Einzelfall jedoch durchaus andere Einstellungen und Verhaltensweisen vorzufinden sind.

– Durch den Fokus auf vorwiegend konflikthafte Interaktionen kann der Eindruck entstehen, die deutsch-türkische Kooperation sei äußerst problembehaftet. Da die Zusammenarbeit mit Türken vor allem hinsichtlich ihrer problematischen Seiten Unterstützung bedarf, tauchen in den Fallbeispielen hauptsächlich kritische Begegnungssituationen auf. Da Sie für Ihre sicherlich zahlreichen reibungslosen Kontakte mit Türken kein Training benötigen, haben wir die Bereiche der Gemeinsamkeiten ausgeklammert.

– Anstelle von unbedingt gültigen Regeln müssen Kulturstandards als Rahmen gesehen werden, der durch eigene Erfahrungen angereichert und differenziert werden muss. Ähnlich dem Training und Aufbau von Muskeln ist interkulturelles Lernen und Verstehen ein fortdauernder Prozess, der nach einer Übung nicht abgeschlossen ist, sondern stets weitergeführt werden will. Es ist nicht von der Hand zu weisen, dass der größte Teil des interkulturellen Lernprozesses erst während des Aufenthaltes in der Türkei stattfinden wird. Erst dort kann das vermittelte theoretische Wissen in eigenen Erlebnissen konkret in die Denk- und Handlungsroutine des Lernenden einfließen. Dieses Training ermöglicht jedoch bereits im Vorfeld eine gute Vorbereitung: Durch die Vermittlung des Grobgerüsts der türkischen Kultur kann einem Kulturschock vorgebeugt und effizientes Handeln in der fremden türkischen Kultur bereits vorab gefördert werden.

◼ Hinweise zur Bearbeitung des Trainingsmaterials

Das Trainingsmaterial besteht aus acht Trainingseinheiten, die je einen türkischen Kulturstandard behandeln. In jeder Einheit werden Situationen dargeboten, die sich real zugetragen haben und in denen es zwischen Deutschen und Türken auf Grund unterschiedlicher Orientierungssysteme zu Missverständnissen und Schwierigkeiten gekommen ist. Auf jede Situation folgen vier Deutungen der Situation, die mögliche Erklärungen für das Verhalten des türkischen Interaktionspartners darstellen und die der Lernende im Hinblick auf ihre Angemessenheit beurteilen soll. Danach erhält er Feedback darüber, inwiefern seine Einschätzung den Verlauf der Interaktion erklären kann. Im Anschluss werden Handlungsoptionen aufgezeigt, wie das Missverständnis hätte verhindert werden können. Diese sind als Denkanstoß für eigene Lösungsmöglichkeiten zu sehen, da das Ziel des Trainings nicht die Vermittlung einer konkreten Handlungsempfehlung, sondern vielmehr der Aufbau flexibler Handlungsstrategien ist. Am Ende jeder Trainingseinheit wird der zu Grunde liegende handlungssteuernde türkische Kulturstandard näher beschrieben und seine historische Entstehungsgeschichte erläutert.

Da die einzelnen Situationen und Trainingseinheiten aufeinander aufbauen, empfiehlt sich eine sukzessive Bearbeitung des Materials. Das Training ist vorwiegend als Instrument zum Selbststudium gedacht. Anhand der Situationen können Sie sich auf die türkische Kultur und den Umgang mit türkischen Partnern vorbereiten und deren Verhalten besser verstehen. Es kann jedoch kein Gruppentraining ersetzen, das in der Diskussion eine noch größere Bearbeitungstiefe und in Rollenspielen eine stärkere Verhaltensorientierung ermöglicht.

Zu guter Letzt: Nehmen Sie sich Zeit für die Bearbeitung des Materials! Lassen Sie Gelerntes setzen und versuchen Sie nicht alles möglichst schnell und auf einmal zu bearbeiten. Nutzen Sie die Chance, mögliche Handlungsstrategien zur Lösung einer der Konfliktsituation noch einmal überdenken zu können und entlocken Sie damit der türkischen Kultur als etwas Neuem, Unbekanntem all die vielfältigen Reize, die sie bieten kann! Versuchen

Sie nicht nur die Ursachen des türkischen Verhaltens zu ergründen, sondern reflektieren sie auch die deutschen Verhaltensweisen und lernen Sie ihre eigene Kultur dabei aus einem ganz anderen, differenzierten Blickwinkel kennen. Denn nur wer das Eigene genau kennt, kann kulturangemessen und handlungssicher mit dem Fremden umgehen und neugierig und freudig gespannt einen neuen Kulturkreis kennen lernen.

Dabei wünschen wir Ihnen viel Spaß und Erfolg!

■ Themenbereich 1:
Ehre und Ansehen

■ Beispiel 1: Der Besuch

■ Situation

Frau Fink lebt zusammen mit ihrer Familie in Izmir in der Türkei. Eines Tages ist sie gerade allein zu Hause, als es klingelt und ein Bekannter vor der Haustür steht. Der Bekannte begrüßt sie und fragt:»Wo ist denn dein Mann? Ich wollte ihm schnell etwas vorbeibringen.« Frau Fink antwortet, ihr Mann sei gerade nicht da, er müsse aber bald kommen und bittet den Bekannten herein. Dieser lehnt ab:»Hm, okay. Dann lasse ich das hier einfach bei dir und du gibst es ihm, okay? Bestelle ihm schöne Grüße. Tschüß.« Überrascht, dass der Bekannte nicht kurz auf ihren Mann wartet, nimmt Frau Fink die Tasche, die er ihr gibt, und schließt die Tür. Sie wundert sich, dass er nicht hereinkommt und sich mit ihr unterhält, bis ihr Mann kommt.

Wie erklären Sie sich das Verhalten des türkischen Bekannten?

– Lesen Sie nun die Antwortalternativen nacheinander durch.
– Bestimmen Sie den Erklärungswert jeder Antwortalternative für die gegebene Situation und kreuzen Sie ihn auf der darunter befindlichen Skala an. Es ist möglich, dass mehrere Antwortalternativen den gleichen Erklärungswert besitzen.

■ Deutungen

a) Der Türke betrachtet Frau Fink nicht als gleichwertigen Gesprächspartner. In der Türkei ist der Mann das Oberhaupt der Familie und letztendlich auch der Ansprechpartner.

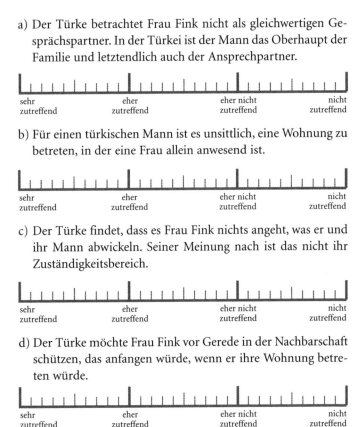

| sehr zutreffend | eher zutreffend | eher nicht zutreffend | nicht zutreffend |

b) Für einen türkischen Mann ist es unsittlich, eine Wohnung zu betreten, in der eine Frau allein anwesend ist.

| sehr zutreffend | eher zutreffend | eher nicht zutreffend | nicht zutreffend |

c) Der Türke findet, dass es Frau Fink nichts angeht, was er und ihr Mann abwickeln. Seiner Meinung nach ist das nicht ihr Zuständigkeitsbereich.

| sehr zutreffend | eher zutreffend | eher nicht zutreffend | nicht zutreffend |

d) Der Türke möchte Frau Fink vor Gerede in der Nachbarschaft schützen, das anfangen würde, wenn er ihre Wohnung betreten würde.

| sehr zutreffend | eher zutreffend | eher nicht zutreffend | nicht zutreffend |

- Versuchen Sie, Ihre Einstufung jeder Antwortalternative zu begründen. Halten Sie die Begründung in schriftlicher Form stichpunktartig fest.
- Lesen Sie nun die Erläuterungen zu jeder Antwortalternative durch und vergleichen Sie diese mit Ihren eigenen Begründungen.

Erläuterung zu a):
In manchen ländlichen Gegenden der Türkei ist es tatsächlich so, dass die Frau nicht als ebenbürtig betrachtet wird. Sie ist meist ohne Ausbildung und finanziell vollkommen von ihrem Ehemann abhängig. Demzufolge ist der Mann auch derjenige, der »das Sagen« hat. Frau Fink lebt jedoch mit ihrer Familie in Izmir, das nicht nur geographisch eine der westlichsten Großstädte der Türkei ist. In diesem Setting lösen sich die traditionellen Strukturen immer mehr auf, vor allem, weil immer mehr Frauen eine gleich gute Ausbildung wie ihre Männer haben. Es könnte dennoch sein, dass der türkische Bekannte die Angelegenheit lieber mit Frau Finks Mann bespricht, da er in ihm den Verantwortlichen für die Familie und deren Belange sieht. Diese Antwort wäre zwar denkbar, hier ist jedoch ein anderer Aspekt für das Verhalten des Mitarbeiters ausschlaggebend.

Erläuterung zu b):
Der türkische Bekannte möchte die Wohnung nicht betreten, weil Frau Fink allein zu Hause ist. Es schickt sich nicht für einen Bekannten, aber auch einen Freund oder Bruder des Ehemanns, allein mit der Ehefrau in der Wohnung zu warten. Damit würde gegen die Sexualmoral verstoßen werden, also folglich die Ehre der Frau und auch die Ehre ihres Mannes verletzt werden. Für die Deutsche Frau Fink ist es selbstverständlich, den Bekannten hereinzubitten. In Deutschland ist es nichts Besonderes, sich mit männlichen Bekannten – die dem eigenen Ehemann bekannt sind – oder Verwandten allein in der Wohnung aufzuhalten. Diese Situation ist weder für die Ehre der Frau noch für die des Mannes bedrohlich. In der Türkei könnte der Bekannte nur dann problemlos das Haus betreten und sich mit Frau Fink unterhalten, wenn deren Ehemann anwesend wäre. In dieser Situation bleibt ihm jedoch nichts anderes übrig, als die Einladung abzulehnen.

Erläuterung zu c):
In der Türkei existiert eine Trennung der Lebensbereiche. Der Innenbereich ist eher den Frauen, der Außenbereich eher den

Männern zuzuordnen. So wird Geschäftliches häufig unter Männern abgewickelt, während sich die Frau um Haushalt und Familie kümmert. In dieser Situation handelt es sich aber nicht um einen Geschäftspartner von Frau Finks Mann, sondern um einen Bekannten der Familie, der eigentlich dem Innenbereich zuzuordnen wäre, da er ihr vertraut ist. Eine andere Antwort ist besser geeignet, das Verhalten des Türken zu erklären.

Erläuterung zu d):
Frau Finks Nachbarn haben mitbekommen, dass ihr Mann noch nicht von der Arbeit zurück ist. Würde der türkische Bekannte ihre Wohnung betreten, obwohl sie allein zu Hause ist, würde die Gerüchteküche in Gang gesetzt werden. Frau Finks Bekannter weiß dies, und möchte tatsächlich dieses Gerede vermeiden. In der Türkei hat die Bewertung durch die Umwelt eine große Bedeutung. Damit gewinnt oder verliert man Ansehen. Wenn die Nachbarn erst einmal zu tratschen begonnen haben, ist die Ehre von Frau Fink und damit auch die ihres Mannes bereits beschädigt.

■ Lösungsstrategie

In der Türkei ist es nicht üblich, als Frau einen Mann einzuladen, wenn man allein, also ohne den Ehemann, zu Hause ist. Davon ausgenommen sind höchstens der eigene Bruder oder Vater oder andere sehr nahe Anverwandte. Frau Fink sollte also in dieser Situation erst gar keine Einladung aussprechen, um den türkischen Bekannten nicht in die unangenehme Lage zu bringen, die Einladung ablehnen zu müssen, was ein Türke sehr ungern macht (vgl. Themenbereich 6: Indirekte Kommunikation). Hat sie die Einladung wie in der vorliegenden Situation jedoch bereits ausgesprochen, so sollte sie die Ablehnung des Türken verständnisvoll und freundlich akzeptieren, Grüße an seine Familie ausrichten und ihn, zusammen mit seiner Frau, für einen anderen Tag einladen, wenn Frau Finks Ehemann zu Hause ist. So hat sie ihre Ehre und die ihres Mannes geschützt, dem türkischen Bekannten jedoch auch das Gefühl von Interesse und Wertschätzung seiner

Person gegeben, was für Türken von großer Bedeutung ist (vgl. Themenbereich 2: Mitmenschlichkeit).

Frauen werden schon sehr früh zur Schamhaftigkeit erzogen und sind stets darauf bedacht, ehrgefährdende Situationen zu vermeiden. Dies hat für einen Deutschen zur Folge, dass er möglichst versuchen sollte, eine Frau in keine unangenehme Lage zu bringen. Das bedeutet auch, dass von einem ehrenhaften Mann erwartet wird, dass er eine ihm bekannte Frau – vor allem nachts – nach Hause begleitet, um so den Schutz ihrer Ehre zu gewährleisten. Es ergibt sich also eine gewisse Verantwortung für Frauen im Allgemeinen, auch wenn man mit ihnen nicht verwandt ist. Deutsche Frauen empfinden dieses Verhalten türkischer Männer oft als bevormundend oder fühlen sich dadurch in ihrer Unabhängigkeit beschnitten.

■ Beispiel 2: Die Nachbarinnen

■ Situation

Frau Busch wohnt seit einigen Tagen in Izmir. In ihrem Viertel wohnen fast ausschließlich Türken, wodurch sie als allein stehende Ausländerin auffällt. Als sie abends von der Arbeit kommt, sprechen sie die draußen sitzenden Frauen an, woher sie komme. Frau Busch erzählt ihnen von ihrer Arbeit und möchte weitergehen. Ihre Nachbarinnen haken aber nach, wer sie denn gestern Abend noch besucht habe. Frau Busch findet, dass diese Fragen zu privat sind und meint, sie müsse jetzt wirklich nach Hause, weil sie noch auf einen Anruf warte. Ihr ist es sehr unangenehm, dass die Türkinnen ihr solche Fragen stellen.

Wie erklären Sie sich das Interesse der Türkinnen an Frau Finks Privatleben?

– Lesen Sie nun die Antwortalternativen nacheinander durch.
– Bestimmen Sie den Erklärungswert jeder Antwortalternative für die gegebene Situation und kreuzen Sie ihn auf der darunter befindlichen Skala an. Es ist möglich, dass mehrere Antwortalternativen den gleichen Erklärungswert besitzen.

■ Deutungen

a) Türken sind allgemein sehr neugierig. Sie möchten einfach gern wissen, was im Leben ihrer Nachbarn passiert.

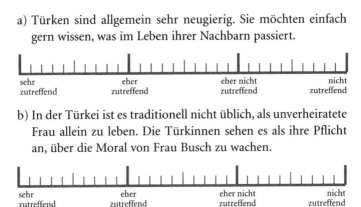

b) In der Türkei ist es traditionell nicht üblich, als unverheiratete Frau allein zu leben. Die Türkinnen sehen es als ihre Pflicht an, über die Moral von Frau Busch zu wachen.

c) Als Nachbarin wird Frau Busch als ein Teil einer großen Familie gesehen. Die Türkinnen fühlen sich für sie als ledige, ausländische Frau verantwortlich.

d) Den Nachbarinnen ist langweilig. Sie hören gern interessante Geschichten, um sich so die Zeit zu vertreiben.

- Versuchen Sie, Ihre Einstufung jeder Antwortalternative zu begründen. Halten Sie die Begründung in schriftlicher Form stichpunktartig fest.
- Lesen Sie nun die Erläuterungen zu jeder Antwortalternative durch und vergleichen Sie diese mit Ihren eigenen Begründungen.

Erläuterung zu a):
Es ist richtig, dass Türken ein sehr starkes Interesse an ihren Mitmenschen haben (vgl. Themenbereich 3: Beziehungsorientierung), weil sie einfach gern am Leben ihrer unmittelbaren Nachbarn teilnehmen. Wenn es sich um eine Ausländerin handelt, ist man erst recht neugierig, was sich in deren Leben ereignet. Deswegen fragen die türkischen Frauen auch ungeniert nach privaten Details von Frau Busch. Sie denken sich nichts dabei. Diese Erklärung spielt in dieser Situation mit Sicherheit eine wichtige Rolle, ist jedoch nicht allein für das Verhalten der Türkinnen verantwortlich.

Erläuterung zu b):
Es ist tatsächlich nicht üblich, als ledige Frau allein (d. h. nicht bei ihren Eltern) zu leben. Traditionell wohnt man so lange bei den Eltern, bis man entweder durch Arbeit oder Ausbildung dazu »gezwungen« ist, von zu Hause auszuziehen, oder aber man heiratet und zieht mit seinem Ehepartner zusammen. In ersterem Fall wird man aber auch entweder in ein Wohnheim mit anderen Frauen ziehen oder zu Verwandten oder Bekannten, falls diese am neuen Wirkungsort verfügbar sind. So ist die Ehre des Mädchens oder der Frau geschützt. Da Frau Busch als Ausländerin ohne Familie in Izmir wohnt, halten es die türkischen Nachbarinnen für ihr Recht, ihr solche Fragen zu stellen, um so zu gewährleisten, dass die Ehre des Stadtviertels *(mahellenin namasu)* nicht beschädigt wird. Verhält sich Frau Busch moralisch verwerflich, fällt dies nämlich auch auf das Viertel zurück.

Erläuterung zu c):
Frau Busch ist ein Teil der »Familie« des Stadtviertels. Die Türkinnen wollen Frau Busch und ihren Lebenswandel nicht bewerten, sie wollen ihr lediglich signalisieren, dass sie in die Gemeinschaft aufgenommen wurde und dass sie auch im Ausland eine Art Familie hat, die Anteil an ihr nimmt (vgl. Themenbereich 2: Mitmenschlichkeit) und auf die sie sich im Notfall verlassen kann. Privatleben ist ein Konzept, das in der Türkei ganz anders

25

interpretiert wird als in Deutschland. In Deutschland wird, was den interpersonalen Kontakt betrifft, stark differenziert. Mit einem Nachbarn, mit dem man zwar gut auskommt, aber keine wirkliche Freundschaft pflegt, würde man kaum über Details aus dem Privatleben reden. Dies erfordert einen langen Beziehungsaufbau. Antwortalternative 3 erklärt die Situation jedoch nur teilweise, Alternative 2 beschreibt sie noch besser.

Erläuterung zu d):
In der Türkei ist es üblich, dass sich die Frauen der Nachbarschaft treffen, zusammensitzen und sich unterhalten. Dabei mangelt es nie an für die Frauen interessanten Gesprächsthemen. Die Antwort ist deswegen nicht zutreffend.

■ Lösungsstrategie

Frau Busch wohnt offensichtlich in einem sehr traditionellen Wohnviertel von Izmir. Sie wird die Fragen der türkischen Nachbarinnen nicht umgehen können. Wenn sie sich ihre Individualität und Privatsphäre bewahren möchte, ist es die einfachste Lösung, unverfängliche Antworten zu geben. Es ist nicht möglich, den Türkinnen keine Auskunft zu geben, das würde sie vor den Kopf stoßen. Am besten sie lässt sich auf ein freundliches Gespräch auf Smalltalk-Niveau ein. So ist die Neugierde der Türkinnen befriedigt und sie haben das Gefühl, die Ehre des Stadtviertels zu kontrollieren. Wenn Frau Busch in diesem Wohnviertel bleiben möchte, gibt es für sie keine andere Alternative. Nicht mit den Türkinnen zu sprechen oder sie gar direkt anzusprechen, dass die Fragen zu indiskret seien, würde sie zutiefst verletzen. Eine andere Möglichkeit, die Fragen zu umgehen, ist, umzuziehen. In einem anderen, moderneren Viertel Izmirs, Ankaras oder Istanbuls könnte sie als unverheiratete junge Frau wohnen, ohne solche Fragen gestellt zu bekommen und sich auch ansonsten weitestgehend unbeachtet dort aufhalten.

Allgemein lässt sich festhalten, dass indiskrete Fragen zumindest unter gleichgeschlechtlichen Gesprächspartnern keine Seltenheit sind. Deutsche sind es gewohnt, erst nach langem Beziehungsaufbau über Privates und Intimes zu sprechen. Hierbei wird stark unterschieden, welche Art von Beziehung man zu seinem Gesprächspartner hat. Mit Nachbarn ist die Beziehung in der Regel nicht so eng, als dass man sich darüber austauschen würde. In der Türkei geht dies wesentlich schneller. Man interessiert sich für seinen Mitmenschen – egal in welcher Beziehung sie zu einem stehen – und tauscht sich offen aus. Als Deutscher kann man sich nun entweder in Notlügen begeben, wenn man die gewünschten Informationen nicht preisgeben möchte, oder aber man springt über seinen Schatten und begegnet den Fragen mit Offenheit. Dies wird den Türken freuen und er wird wiederum mit Offenheit darauf reagieren.

■ Beispiel 3: Das Computer-Netzwerk

■ Situation

Herr Richter arbeitet als Sales Manager für einen großen deutschen Automobilhersteller in der Türkei. Einer seiner Mitarbeiter bringt durch eigenes Verschulden das gesamte Computer-Netzwerk der Firma zum Absturz. Der Mitarbeiter steht gerade mit Kollegen zusammen, als Herr Richter den Türken auf dieses Malheur anspricht. Der Angestellte lässt sich jedoch auf keinerlei Diskussionen ein und streitet alles ab. In den Tagen nach diesem Vorfall bemerkt Herr Richter, dass sich nicht nur der betreffende Mitarbeiter, sondern auch die meisten anderen von ihm zurückziehen und ihm aus dem Weg gehen. Herr Richter kann dieses Verhalten überhaupt nicht verstehen. Schließlich hat der Türke den Fehler gemacht, nicht er.

Wie erklären Sie sich das Verhalten der türkischen Mitarbeiter?

– Lesen Sie nun die Antwortalternativen nacheinander durch.
– Bestimmen Sie den Erklärungswert jeder Antwortalternative für die gegebene Situation und kreuzen Sie ihn auf der darunter befindlichen Skala an. Es ist möglich, dass mehrere Antwortalternativen den gleichen Erklärungswert besitzen.

■ Deutungen

a) Türken vermeiden es generell, persönliche Verantwortung für begangene Fehler zu übernehmen.

sehr zutreffend	eher zutreffend	eher nicht zutreffend	nicht zutreffend

b) In der Türkei ist es nicht üblich, Mitarbeiter persönlich für Fehler verantwortlich zu machen. Eine allgemeine Abmahnung hätte gereicht.

sehr zutreffend	eher zutreffend	eher nicht zutreffend	nicht zutreffend

c) Herr Richter hat den Türken vor anderen auf seinen Fehler angesprochen. Dadurch hat dieser einen Gesichtsverlust erlitten, was die Kollegen im Falle eines ähnlichen Fehlers bei der Arbeit nun für sich selbst erwarten.

sehr zutreffend	eher zutreffend	eher nicht zutreffend	nicht zutreffend

d) Der türkische Mitarbeiter möchte vor seinen Kollegen nicht fachlich inkompetent erscheinen. Als türkischer Mann einen technischen Fehler zu begehen, ist eine große Bedrohung für die männliche Ehre.

sehr zutreffend	eher zutreffend	eher nicht zutreffend	nicht zutreffend

– Versuchen Sie, Ihre Einstufung jeder Antwortalternative zu begründen. Halten Sie die Begründung in schriftlicher Form stichpunktartig fest.
– Lesen Sie nun die Erläuterungen zu jeder Antwortalternative durch und vergleichen Sie diese mit Ihren eigenen Begründungen.

Erläuterung zu a):
Der türkische Mitarbeiter ist persönlich für den Absturz des Netzwerks der Firma verantwortlich. Das ist ihm äußerst unangenehm und er schämt sich deswegen. Dennoch fällt es ihm schwer, für diesen Fehler die Verantwortung zu übernehmen. Für Türken ist es normal, Fehler nicht direkt zuzugeben (vgl. Themenbereich 6: Indirekte Kommunikation), damit ist in jedem Fall ein großer Ehrverlust verbunden. Da sich die Situation noch dazu vor seinen Arbeitskollegen abspielt, ist es für den Türken fast unmöglich, zu dem Fehler zu stehen. Diese Erklärung spielt durchaus eine Rolle, ist jedoch nicht allein für das Verhalten der Türken ausschlaggebend.

Erläuterung zu b):
Herr Richter hat dem türkischen Mitarbeiter berechtigterweise die alleinige Schuld an dem Fehler zugeschrieben. Dies hätte ihm auch mit einem türkischen Chef passieren können. Aufgrund des patriarchalischen Führungsstils vieler türkischer Geschäftsführer ist es durchaus denkbar, dass türkische Angestellte von ihrem Chef – wenn auch nicht vor ihren Kollegen – eine persönliche Abmahnung bekommen. Diese Antwort ist somit wenig geeignet, das Verhalten des Türken zu beschreiben.

Erläuterung zu c):
In der Türkei spricht man eine einzelne Person vor anderen nicht auf einen Fehler an oder kritisiert sie im Beisein anderer. Für Herrn Richter, als Deutschen, ist es normal, den Mitarbeiter auf seinen Fehler direkt hinzuweisen, auch wenn andere dabei sind. Ihm geht es um den sachlichen Fehler, er denkt nicht über die Ehre seines Mitarbeiters nach. Die deutsche Kultur zeichnet sich durch eine strikte Trennung von Sach- und Personenebene aus. Jemanden sachlich zu kritisieren, stellt keinen Angriff auf dessen Persönlichkeit dar. Der Türke nimmt die Anschuldigung jedoch persönlich und erleidet durch die öffentliche Kritik tatsächlich einen massiven Gesichtsverlust vor seinen Kollegen. Um diesen abzuwenden, leugnet er seinen Fehler. Da sich seine Kollegen eng

mit ihm verbunden fühlen (vgl. Themenbereich 3: Beziehungsorientierung) fühlen sich die Kollegen ebenfalls verletzt und solidarisieren sich mit ihm. Diese Erklärung erklärt die Situation am besten.

Erläuterung zu d):
Für den Türken ist es sehr wichtig, technisch kompetent zu erscheinen. In der Türkei ist durch die schnelle Modernisierung des Landes ein fast bedingungsloser Glaube an die Technik zu beobachten. Gäbe der türkische Mitarbeiter zu, dass er den Fehler begangen hat, würde sein Image als technisch versierter Mann leiden. Sein persönliches Selbstverständnis und die Position in seiner sozialen Umgebung wären gefährdet. Deswegen hält er es für das Einfachste, zu lügen. Diese Erklärung trifft nur teilweise zu. Türken sind im Allgemeinen sehr lernwillig, lernen gern neue Sachen kennen. Wird dabei aber das persönliche Ehrgefühl bedroht – wie es bei einer direkten Anschuldigung der Fall ist – fällt es ihnen schwer, ihren Fehler offen einzugestehen.

■ Lösungsstrategie

Der türkische Mitarbeiter hat durch eigenes Verschulden das Netzwerk zum Absturz gebracht. Herr Richter, als Abteilungsleiter, muss selbstverständlich mit ihm darüber sprechen. Da er ihn nach dem Vorfall als Erstes zusammen mit Kollegen sieht und vielleicht nicht länger warten möchte, gibt es entweder die Möglichkeit, der Gruppe generell zu sagen, dass es zu einem Fehler gekommen sei, aber nicht direkt zu erwähnen, wer diesen Fehler gemacht hat. Die andere Möglichkeit ist, den Mitarbeiter in einem Einzelgespräch auf den Fehler aufmerksam zu machen. Falls es die äußeren Gegebenheiten zulassen, wäre es am besten, das Gespräch in einem neutralen Raum durchzuführen und nicht in Herrn Richters Büro. So wird der Tatsache des begangenen Fehlers die Peinlichkeit genommen und der Ehrverlust für den Türken minimiert. Am besten erfolgt die Ermahnung relativ informell, so dass dem türkischen Mitarbeiter die Möglichkeit gegeben wird, sein Gesicht zu wahren.

Es ist generell so, dass Türken es nur sehr ungern zugeben, wenn sie einen Fehler gemacht haben. Von Zeit zu Zeit kommt es auch zu mangelhafter oder gar keiner Ausführung eines Arbeitsauftrags, weil die notwendigen Fachkompetenzen beim betreffenden Mitarbeiter nicht vorliegen, er dies aber nicht zugeben möchte. Für einen deutschen Vorgesetzten ist es deshalb wichtig, seine Angestellten während der Ausführung ihrer Aufgabe in möglichst beiläufiger und indirekter Form zu fragen, ob es denn keine Probleme bei der Bearbeitung des Auftrags gebe, so dass es dem Türken leicht fällt, zuzugeben, dass es Schwierigkeiten gibt (vgl. Themenbereich 6: Indirekte Kommunikation). Außerdem empfiehlt es sich, auf Zwischentöne zu achten, zum Beispiel die Art, wie etwas gesagt wird oder auch die Mimik zu beachten. Diese sagt bei einem Türken viel mehr aus, als es Deutsche von ihren Mitmenschen gewohnt sind (vgl. Themenbereich 6: Indirekte Kommunikation). Umgekehrt, wenn man selbst einmal ein paar kritische Worte gesagt bekommt, so sollte man sie sehr ernst nehmen, da sie einen hohen Aussagewert haben. Kein Türke äußert gern Kritik. Umso schwerer wiegen bereits leise kritische Töne, die ein Deutscher nicht als Kritik im eigentlichen Sinne auffassen würde.

■ Kulturelle Verankerung von »Ehre und Ansehen«

Die grundlegendsten Prinzipien der türkischen Kultur sind Ehre *(namus)* und Ansehen *(şeref)*. Diese beiden Werte werden in sehr vielen Interaktionssituationen sichtbar und sind grundlegend für fast alle anderen Kulturstandards.

■ Die weibliche Ehre und ihre Aufrechterhaltung

Namus zeigt sich vor allem in der geschlechtsspezifischen Rolle von Mann und Frau. Der Grundstein für diese Rolle wird bereits in der Erziehung gelegt. So werden die meisten Mädchen nach einem Wertekanon erzogen, zu dem Gehorsam, Schamhaftigkeit und Loyalität gegenüber dem Ehemann gehört. Für einen Mann gestaltet sich der Wert *namus* hingegen hauptsächlich so, dass er dafür verantwortlich ist, die sexuelle Integrität der weiblichen Mitglieder seiner Familie aufrechtzuerhalten. Diese Ehre ist durch die Anwesenheit fremder Männer prinzipiell ständig gefährdet und muss jeden Tag von Neuem verteidigt werden. Um sicherzustellen, dass der Wert *namus* aufrechterhalten wird, wird die Lebensumwelt durch entsprechende Systeme gestaltet, die dies leichter ermöglichen. Dazu gehört zum einen die Kontrolle durch den Mann, jedoch auch durch Nachbarn, Freunde und Bekannte. Die ganze Gesellschaft wacht über die Moral des Einzelnen. Es ist nichts Ungewöhnliches, dass Nachbarn Ehebrecher bei der Polizei anzeigen. Eine Jugendliche wird es demzufolge vermeiden, sich allein – vor allem nachts – auf der Straße zu bewegen, weil sie allein durch diese Tatsache als unehrenhaft gilt. Für die Jugendliche gilt es, vor den Nachbarn den Schein zu wahren. Deren Meinung hat einen höheren Stellenwert als die eigene. Der Wert der Ehrhaftigkeit an sich ist im Wandel begriffen. Während er bei der älteren Generation beziehungsweise bei konservativen Jugendlichen noch als tatsächlicher Wert gilt, sehen junge, moderne Türkinnen ihre Ehre nicht gefährdet, wenn sie zum Beispiel in einer geschlechtlich gemischten Wohngemeinschaft leben. Dies ist jedoch nur in einem modernen Wohnviertel möglich, in dem die Kontrolle durch die Nachbarn minimiert ist oder wegfällt. Bereits hier wird deutlich, wie stark der Wert *namus* mit Themenbereich 2 (Mitmenschlichkeit) verknüpft ist. Wichtig zu wissen ist, dass sich die Ehre über das Individuum hinaus auf ein Kollektiv, eine Familie, die gesamte Verwandtschaft bezieht. Entweder man hat *namus* oder man hat es nicht; *namus* ist also rein qualitativ. Einmal verloren, kann man es nicht wiedererlangen. *Namus* ist eine einmal geschenkte, unveränderliche Größe, die einem Respekt und soziale Integration verschafft.

Ein weiterer Bestandteil des Systems, das zur Aufrechterhaltung des Ehrbegriffs existiert, ist die strikte Trennung von Innen- und Außenbereich. Das heißt, die Beziehung zwischen den Geschlechtern ist geprägt durch eine sozial-räumliche Trennung, die neben eigenen Aufgaben Männern und Frauen jeweils eigene Aufenthaltsorte vorschreibt und direkten gegengeschlechtlichen Kontakt außerhalb der Familie vermeidet. Das heißt das Leben der Frauen ist weitestgehend auf ihre eigenen Räume beschränkt, was nicht bedeutet, das dort kein geselliges Leben stattfindet. Benachbarte oder verwandte Frauen besuchen sich gegenseitig sehr häufig. Die räumliche Trennung der Geschlechter wird auch dort, wo Männer und Frauen notwendigerweise aufeinander treffen, wirksam und muss durch Distanz schaffende Verhaltensregeln gewährleistet werden. So sollte man es in öffentlichen Verkehrsmitteln möglichst vermeiden, sich neben eine gegengeschlechtliche Person setzen, sofern es nicht ein sehr naher Anverwandter oder der Ehepartner ist. Auf langen Busreisen achtet das Personal bereits beim Verkauf der Fahrkarte darauf, dass dieser Umstand auf keinen Fall eintritt. Von dieser Regelung ausgenommen sind ältere Frauen, da sie sich bereits in einer Lebensphase befinden, in der ehrgefährdende Handlungen von Seiten eines Mannes unwahrscheinlich sind und ihr Verhalten demzufolge für die Familienehre keine Bedrohung darstellt. Dass die Trennung sich zudem auf den beruflichen Bereich bezieht, ist in der türkischen Gesellschaft offensichtlich. Man findet häufig Frauen, die als Lehrerin, Ingenieurin, in Behörden, Banken oder Krankenhäusern arbeiten, jedoch sieht man fast nie eine Frau, die in Läden oder Restaurants bedient. Es scheint, als sei dieser Bereich »öffentlicher« als andere Bereiche und als sei er deswegen zu vermeiden. Bei erstgenannten Arbeitsplätzen handelt es sich um Bereiche, in denen man sich in einem mehr oder weniger abgesicherten Umfeld bewegt. Es ist klar, wer das Klientel ist, und der Ort, an dem man arbeitet, ist dadurch kontrollierbar. Dies ist in einem Laden oder Restaurant nicht möglich. Ständig muss mit fremden Männern, vor allem auch mit Ausländern, die mit dem türkischen Ehrkonzept nicht vertraut sind, interagiert werden. Die Ehre der Frau wäre dadurch extrem gefährdet. Dementsprechend findet man bei einem Familienbetrieb die Frau immer im Hintergrund – zum Beispiel in der Küche – jedoch nur äußerst selten in direktem Außenkontakt. Zudem ist auch jede Frau selbst für den Erhalt der Ehre der Familie verantwortlich. So muss sie Vorkehrungen treffen, verfängliche oder sie kompromittierende Situationen zu vermeiden. Darunter fällt zum Beispiel die unter Frauen bekannte Faustregel, einem fremden Mann wenn möglich gar nicht, aber auf gar keinen Fall länger als drei Sekunden in die Augen zu schauen, da dies sonst als Aufforderung zum Flirt betrachtet wird. Zudem lässt sich eine ehrenhafte Frau im außerhäuslichen Bereich immer begleiten (am besten durch Familienmitglieder oder eine Freundin) und beachtet gewisse Kleidervorschriften.

■ Die Ehre des Mannes und der Wert şeref

Ein türkischer Mann muss in der Lage sein,»seine« Frauen – also die Frauen seiner Familie – zu verteidigen. Dass er dazu in der Lage ist, muss er durch die Demonstrierung seiner Stärke beweisen. Dazu gehört neben einem offensiven Verhalten im Umgang mit anderen Männern auch der berufliche Erfolg. Ein Mann muss in der Öffentlichkeit nicht nur durch die Keuschheit der ihm zuzurechnenden Frauen, sondern auch durch das eigene Können und das damit verbundene Auftreten ehrenhaft sein. Erfährt er offene Kritik – noch dazu vor anderen – oder kommt er in die unangenehme Lage, zugeben zu müssen, etwas nicht zu können oder zu wissen, ist dies mit einem Gesichtsverlust und damit mit einem Verlust von *namus* verbunden.

Hier kommt nun der andere zentrale Wert der türkischen Kultur zum Tragen. Ein öffentlicher Gesichtsverlust verletzt zum einen die Ehre *(namus)* des Kritisierten, zum anderen verliert derjenige, der die Kritik geäußert hat, dadurch an Ansehen *(şeref)*. Şeref bezieht sich auf den Außenbereich der Gesellschaft, damit also hauptsächlich auf die Männerwelt. Şeref wird gemindert durch Geiz, unkorrektes Auftreten, nicht gewährte Gastfreundschaft oder aber durch die Bloßstellung anderer. Durch korrektes Benehmen, Hilfsbereitschaft, Großzügigkeit, Macht und Reichtum kann es gesteigert werden. Jedoch erlangt man şeref nicht durch den reinen Besitz an Geld und Gütern. Durch den großzügigen Umgang mit ökonomischer Macht kann dieser in şeref verwandelt werden. Um den Gewinn von şeref muss sich das Individuum ein Leben lang bemühen. Deswegen sollte man sich auch in Konfliktsituationen großzügig verhalten und andere nicht direkt – und schon gar nicht vor Zeugen – auf ihre Fehler aufmerksam machen. Dadurch würde der Kritisierte nicht nur einen Gesichtsverlust erleiden, sondern auch der Kritisierende einen

Verlust an *şeref*. Er hat sich gegenüber seinem Arbeitskollegen oder Freund nicht kollegial und freundschaftlich verhalten und hat damit in den Augen des Kritisierten und in den Augen der Anwesenden an Ansehen eingebüßt.

Wie bereits angesprochen, kann *şeref* gesteigert werden: zum Beispiel durch den Austausch von Gaben. Diese können die Form von Arbeits- und Nachbarschaftshilfe, Verleih von Geld und anderen Gegenständen oder auch Gastfreundschaft annehmen. Indem Gabe und Gegengabe nie gleichwertig sind, wird die Beziehung der Handlungspartner verstärkt. So hat jemand, der besonders viele Schuldner hat, großes Ansehen bei seinen Schuldnern erworben, diese fühlen sich ihm verpflichtet und schätzen ihn sehr hoch. Das gewährte Ansehen ist somit die Gegengabe für die Schulden. Genauso verhält es sich auch mit der Gastfreundschaft. Durch die richtige Dosierung von Geben und Nehmen, also indem der Gastgeber von der Würde seines Gastes und dieser von der Würde seines Gastgebers profitiert, wird bei beiden *şeref* erzeugt. Für einen Mann ist es ein Grund, sich zu schämen, wenn er nicht über die Mittel verfügt, Gäste angemessen und großzügig zu bewirten. Armut manövriert ihn in die Lage des Außenseiters, da er andere bis zu einem gewissen Grad meiden muss, um so sein Ansehen nicht zu verlieren. Insofern wirkt sich das durch den großzügigen Umgang mit Reichtum erworbene Ansehen auch auf die Aufrechterhaltung sozialer Beziehungen aus (vgl. Themenbereich 2: Mitmenschlichkeit).

▦ Wandlung der Werte *namus* und *şeref*

Aufgrund der fortschreitenden Industrialisierung und der sich dadurch verändernden Lebensumstände erfahren die Werte jedoch eine Aufweichung. Die Mitglieder einer Industriegesellschaft definieren sich weniger über die Mitgliedschaft in einer Solidargemeinschaft, als dies in einer Agrargesellschaft der Fall ist. Die Türkei gilt als Schwellenland, befindet sich also gerade auf dem Weg von der Agrar- zur Industriegesellschaft. Durch die zunehmende Erwerbstätigkeit der Frau nimmt diese verstärkt am öffentlichen Leben teil. In den Städten verliert die festgefügte

Rangordnung an Starrheit. Hier weicht die hierarchisch angeordnete Beziehung der Geschlechter zueinander (vgl. Themenbereich 4: Hierarchieorientierung) einem egalitären Verhältnis. Die in die Städte abgewanderten Familien nehmen langfristig die städtischen »Orientierungen« an und tragen diese aufgrund des hohen Besuchsverkehrs zu den Heimatdörfern in die ländlichen Regionen zurück. Dennoch lassen sich die Werte in der türkischen Gesellschaft noch heute ausmachen. So wird eine moderne, türkische Frau, die sich ohne Kopftuch durch das Arbeitsleben bewegt, zum Beispiel durch betont elegante Kleidung signalisieren, dass sie ehrenhaft ist. Auch junge Türkinnen, die sich sehr zurechtgemacht und mit modischer Kleidung auf den Straßen Istanbuls oder Ankaras bewegen, haben die Fähigkeit, sich durch kühles, selbstbewusstes Verhalten mit einer undurchdringlichen, unantastbaren Aura zu umgeben.

Kulturhistorisch lassen sich die zentralen Werte *namus* und *şeref* aus dem Islam ableiten. Zunächst finden sich widersprüchliche Verse im Koran, wo einerseits die Gleichheit der Geschlechter betont und andererseits die Unterwerfung der Frau unter den Willen des Mannes gefordert wird. Sicher ist, dass Prophet Mohammed und seine Nachfolger die Frau als intrigenhaft beschreiben. Sie möchte die Männer beherrschen und richtet durch ihre Reize ein zwar schönes, aber gefährliches Chaos *(fitna)* an. Deswegen soll die Frau gezähmt und unterworfen werden. Somit wurde mit Einzug des Islam die im Stamm üblich gewesene weibliche Selbstständigkeit beendet und die paternalistische Familienstruktur sorgte dafür, diese Zähmung aufrechtzuerhalten.

Weiterhin zeichnete sich die osmanische Kultur durch eine Hochschätzung von Grenzen *(hadd)* aus. Grenzen, die durch Familie, Position, Rasse und Rang gesetzt waren und die akzeptiert zu werden hatten. Jeder Eingriff in die von seinem Hadd gedeckten Rechte war ein Angriff auf das *şeref* und damit nicht nur eine persönliche Beleidigung, sondern auch ein Angriff auf seinen Status und sein Amt. Diese Hintergründe prägen das Verhalten der Türken bis heute.

■ Themenbereich 2: Mitmenschlichkeit

■ Beispiel 4: Die Stadtführung

■ Situation

Während eines Ausflugs nach Istanbul treffen sich Frau Müller und ihr Vater, der sie in der Türkei besucht, mit einem Türken, den ihr Vater im Flugzeug kennen gelernt hat. Er genießt es sehr, den Besuchern die Stadt zeigen zu können und weist stolz auf viele verschiedene Sehenswürdigkeiten hin. Während des ganzen Tages besteht er darauf, immer für Taxi und sämtliche Eintritte zu zahlen. Selbst als die Gäste anmerken, dass sie gern einmal den Eintritt übernehmen würden, lehnt er entschlossen ab. Frau Müller findet es komisch, dass sie sich den Eintritt nicht aufteilen oder zumindest abwechselnd zahlen, wenn er ihnen schon den ganzen Tag die Stadt zeigt. Sie versteht nicht, warum der Türke darauf besteht, alles zu zahlen. Immer wieder will sie ihn überzeugen, auch sie etwas zahlen zu lassen, doch der Mann lässt sich nicht beirren und weist sie stets vehement zurück. Frau Müller wundert sich darüber sehr.

Wie erklären Sie sich das großzügige Verhalten des Türken?

– Lesen Sie nun die Antwortalternativen nacheinander durch.
– Bestimmen Sie den Erklärungswert jeder Antwortalternative für die gegebene Situation und kreuzen Sie ihn auf der darunter befindlichen Skala an. Es ist möglich, dass mehrere Antwortalternativen den gleichen Erklärungswert besitzen.

■ Deutungen

a) Der Türke möchte die Freundschaft von Frau Müller und ihrem Vater gewinnen, weil er sich davon Vorteile verspricht.

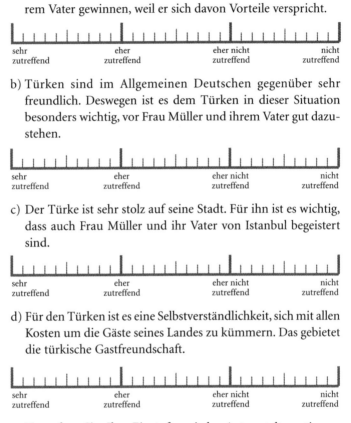

| sehr zutreffend | eher zutreffend | eher nicht zutreffend | nicht zutreffend |

b) Türken sind im Allgemeinen Deutschen gegenüber sehr freundlich. Deswegen ist es dem Türken in dieser Situation besonders wichtig, vor Frau Müller und ihrem Vater gut dazustehen.

| sehr zutreffend | eher zutreffend | eher nicht zutreffend | nicht zutreffend |

c) Der Türke ist sehr stolz auf seine Stadt. Für ihn ist es wichtig, dass auch Frau Müller und ihr Vater von Istanbul begeistert sind.

| sehr zutreffend | eher zutreffend | eher nicht zutreffend | nicht zutreffend |

d) Für den Türken ist es eine Selbstverständlichkeit, sich mit allen Kosten um die Gäste seines Landes zu kümmern. Das gebietet die türkische Gastfreundschaft.

| sehr zutreffend | eher zutreffend | eher nicht zutreffend | nicht zutreffend |

- Versuchen Sie, Ihre Einstufung jeder Antwortalternative zu begründen. Halten Sie die Begründung in schriftlicher Form stichpunktartig fest.
- Lesen Sie nun die Erläuterungen zu jeder Antwortalternative durch und vergleichen Sie diese mit Ihren eigenen Begründungen.

■ Bedeutungen

Erläuterung zu a):
Frau Müller und ihr Vater sind offensichtlich Deutsche. Im Flugzeug hat der Türke Herrn Müller als einen gut situierten Mann kennen gelernt. Türken sind immer darum bemüht, ihr Netzwerk an Bekannten zu erweitern (vgl. Themenbereich 3: Beziehungsorientierung), da es in der Zukunft von Nutzen sein könnte. In dieser Situation sieht der Türke die Deutschen jedoch als ausländische Gäste. Deswegen erklärt eine andere Antwort die Situation besser.

Erläuterung zu b):
Deutsche haben in der Türkei ein enorm hohes Ansehen. Das Interesse an anderen Menschen ist im Allgemeinen sehr hoch, als Deutscher bekommt man jedoch zusätzliche Aufmerksamkeit geschenkt. Das liegt zum einen an der historischen Verbundenheit der beiden Völker (z. B. Verbündete während des Ersten Weltkriegs), als zum anderen auch an den 2,5 Millionen Türken, die in Deutschland leben. Es gibt fast keinen Türken, der nicht irgendeinen Verwandten oder Bekannten in Deutschland hat. Das ist jedoch kein Grund, Frau Müller und ihren Vater den ganzen Tag über freizuhalten und sich so viel Zeit für die beiden zu nehmen. Deshalb erklärt eine andere Antwort die Situation besser.

Erläuterung zu c):
Türken sind im Allgemeinen sehr stolz auf ihr Land. Für Istanbul, die quirlige, weltoffene Metropole mit der ruhmreichen Vergangenheit gilt das besonders. Vor allem, wenn man selbst aus Istanbul kommt. Der Stolz eines Türken auf seine Heimatstadt ist fast noch größer als auf sein Heimatland. Das türkische Nationalbewusstsein an sich geht zurück auf den Gründer der türkischen Republik, Mustafa Kemal Atatürk, der es Anfang des 20. Jahrhunderts seinem Volk einpflanzte (vgl. Themenbereich 8: Ambivalenter Nationalstolz). Einem Türken macht es sehr viel Spaß, ausländische Gäste durch seine Stadt zu führen. Dies erklärt den Aspekt, dass der Türke sich den ganzen Tag für Frau Müller und

ihren Vater Zeit genommen hat, jedoch nicht, warum er alle Kosten übernommen hat.

Erläuterung zu d):
Die türkische Gastfreundschaft gebietet es, sich mit einem entsprechenden Programm um Gäste zu kümmern. In der türkischen Übersetzung haben die Begriffe »Gast« und »Fremder« dieselbe Bedeutung. Frau und Herr Müller sollen sich in der Türkei willkommen fühlen. Man versucht alle Unannehmlichkeiten, wie zum Beispiel Unkosten, von ihnen fernzuhalten, um ihnen den Aufenthalt so angenehm wie möglich zu gestalten. Jeder Türke würde sein letztes Hemd für einen Gast geben. Die entgegengebrachte Wertschätzung und Aufmerksamkeit ist für Deutsche eine überwältigende Erfahrung, da Deutsche niemals auf die Idee kommen würden, sich in ähnlicher Weise um eine völlig fremde Person zu kümmern. Durch die in Deutschland übliche Trennung von Lebens- und Persönlichkeitsbereichen würde man ein solches Verhalten lediglich bei einer eng befreundeten Person oder einem Verwandten an den Tag legen. Der Türke differenziert hier nicht. Diese Antwort kann die Situation vollkommen erklären.

▪ Lösungsstrategie

In einer solchen Situation macht es überhaupt keinen Sinn, wie Frau Müller darauf zu bestehen, auch zahlen zu dürfen. Sie wird damit bei dem türkischen Bekannten kein Gehör finden und sich mit den ständigen Diskussionen nur den schönen Tag vermiesen. Sie kann und muss sogar die Einladungen des Türken annehmen. Der Türke lädt sie und ihren Vater gern ein und wäre in seiner Ehre verletzt, wenn sie die Einladung ablehnen würden. Außerdem gewinnt der Türke durch das Bieten der Gastfreundschaft enorm an Ansehen (*şeref*) (vgl. Themenbereich 1: Ehre und Ansehen), was für ihn von großer Wichtigkeit ist. Um aber dem Prinzip der Reziprozität zu entsprechen, muss der Gast das Ungleichgewicht an Ehrerweisung entweder durch ein Gastgeschenk oder durch eine Gegeneinladung wiederherstellen. So kann das Prinzip der Gastfreundschaft kontinuierlich *şeref* produzieren, was einen sozialen

Prestigegewinn bedeutet und in der türkischen Gesellschaft, vor allem der männlichen, von großer Wichtigkeit ist.

Generell lässt sich sagen, dass die Gastfreundschaft, die vor allem Deutschen in der Türkei entgegengebracht wird, überwältigend ist. In manchen Situationen mag es für deutsches Empfinden schon fast zuviel sein. Ungefragt wird einem jeder Wunsch von den Augen abgelesen, man wird genötigt, zu essen, zu trinken und – wenn möglich – die Familie des Gastgebers kennen zu lernen. Die intensive Beschäftigung mit einem Gast ist für deutsche Kulturangehörige zum einen Teil sehr angenehm, zum anderen nach längerer Zeit durchaus problematisch, weil sie in der Regel Wert auf ihre Privatsphäre legen, die dann nur schwer zu wahren ist. Als Gast eines Türken oder einer türkischen Familie gibt es keine Möglichkeit, sich der überschwänglichen Freundlichkeit zu entziehen, ohne als unhöflich zu gelten. Wichtig zu wissen ist auch, dass es unter Türken strenge Verhaltens- und Begrüßungsregeln gibt, die in jedem Fall eingehalten werden müssen. Dies wird besonders an den hohen islamischen Feiertagen, Zucker- und Opferfest, deutlich. Auch hier wäre es extrem unhöflich, die Begrüßungsrituale nicht mitzumachen. Deswegen lohnt es sich durchaus, sich mit ihnen vertraut zu machen, damit man für den Besuch bei einer türkischen Familie bestens gerüstet ist.

▓ Beispiel 5: Die Beerdigung

▓ Situation

Herr Mailinger leitet die Sprachabteilung einer Kultureinrichtung in der Türkei. Im Institut spricht sich herum, dass der Großvater eines Mitarbeiters verstorben sei. Herr Mailinger geht zu dem betreffenden Kollegen und wünscht ihm sein Beileid. Er weiß, dass die Beerdigung am nächsten Tag stattfinden soll, ist aber durch seine Arbeit im Büro sehr eingespannt. Außerdem sieht er keine Veranlassung, daran teilzunehmen, da er den Verstorbenen nicht persönlich gekannt hat. Am Tag nach der Beerdigung spricht sein Kollege kaum noch mit ihm und geht ihm weitestgehend aus dem Weg. Herr Mailinger kann sich das nicht erklären.

Wie erklären Sie sich die Reaktion des Türken?

- Lesen Sie nun die Antwortalternativen nacheinander durch.
- Bestimmen Sie den Erklärungswert jeder Antwortalternative für die gegebene Situation und kreuzen Sie ihn auf der darunter befindlichen Skala an. Es ist möglich, dass mehrere Antwortalternativen den gleichen Erklärungswert besitzen.

▪ Deutungen

a) Herr Mailinger nimmt das Verhalten des Türken zu persönlich. Dieser ist am Tag nach der Beerdigung einfach nur traurig.

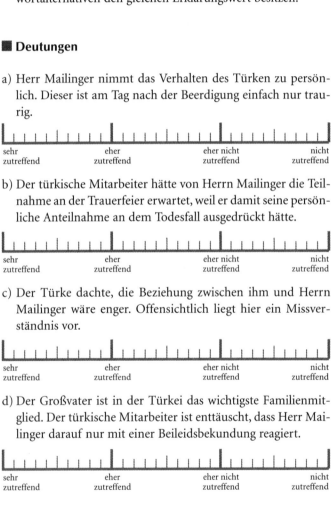

| sehr | eher | eher nicht | nicht |
| zutreffend | zutreffend | zutreffend | zutreffend |

b) Der türkische Mitarbeiter hätte von Herrn Mailinger die Teilnahme an der Trauerfeier erwartet, weil er damit seine persönliche Anteilnahme an dem Todesfall ausgedrückt hätte.

| sehr | eher | eher nicht | nicht |
| zutreffend | zutreffend | zutreffend | zutreffend |

c) Der Türke dachte, die Beziehung zwischen ihm und Herrn Mailinger wäre enger. Offensichtlich liegt hier ein Missverständnis vor.

| sehr | eher | eher nicht | nicht |
| zutreffend | zutreffend | zutreffend | zutreffend |

d) Der Großvater ist in der Türkei das wichtigste Familienmitglied. Der türkische Mitarbeiter ist enttäuscht, dass Herr Mailinger darauf nur mit einer Beileidsbekundung reagiert.

| sehr | eher | eher nicht | nicht |
| zutreffend | zutreffend | zutreffend | zutreffend |

- Versuchen Sie, Ihre Einstufung jeder Antwortalternative zu begründen. Halten Sie die Begründung in schriftlicher Form stichpunktartig fest.
- Lesen Sie nun die Erläuterungen zu jeder Antwortalternative durch und vergleichen Sie diese mit Ihren eigenen Begründungen.

■ Bedeutungen

Erläuterung zu a):
Sicherlich ist der türkische Kollege am Tag nach der Beerdigung seines Großvaters traurig. Aber dass er deswegen Herrn Mailinger aus dem Weg geht und es vermeidet, mit ihm zu sprechen, würde dem Prinzip der türkischen Gemeinschaftlichkeit (vgl. Themenbereich 2: Mitmenschlichkeit) widersprechen. Diese Antwort kann die Situation auf gar keinen Fall erklären.

Erläuterung zu b):
Der türkische Mitarbeiter hätte tatsächlich erwartet, dass Herr Mailinger auf der Beerdigung erscheint. In der Türkei ist es nicht wichtig, ob man den Toten kennt oder nicht, sondern dass man an der Trauer der Hinterbliebenen Anteil nimmt. Dadurch wird dem Trauernden unter Beweis gestellt, dass man für ihn da ist und das Gefühl von Gemeinschaftlichkeit und Solidarität erzeugt. Bloße Beileidsbekundungen reichen dafür nicht aus. Es ist dabei nicht wichtig, aktiv zur Lösung eines Problems beizutragen, was in dieser Situation sowieso nicht möglich ist, sondern sich in die Lage des anderen einzufühlen und ihm das auch zu demonstrieren. Diese Antwort erklärt die Situation am besten, wenngleich noch andere Aspekte eine Rolle für das Verhalten des Türken spielen.

Erläuterung zu c):
Hier geht es um das grundsätzliche Verständnis der Trennung von Beruflichem und Privatem (vgl. Themenbereich 3: Beziehungsorientierung). Herr Mailinger betrachtet den türkischen Kollegen lediglich als einen Arbeitskollegen, wohingegen der Türke Herrn Mailinger als einen Teil seines Kollektivs ansieht.

Für den Deutschen ist der Türke durch seine Eigenschaft als Arbeitskollege emotional nicht näherstehend zu klassifizieren, da er zwischen Berufs- und Privatleben eine klare Grenze zieht. Die Teilnahme an der Beerdigung übersteigt in seinen Augen die Verpflichtung, die sich aus einer beruflichen Beziehung ergeben. Im türkischen Verständnis haben die beiden aber aufgrund ihres gemeinsamen Arbeitsplatzes eine tiefer reichende Beziehung. Diese geht zumindest so tief, dass man sich in einer solchen Situation verpflichtet fühlt, dem Arbeitskollegen beizustehen, indem man in jedem Fall an der Beerdigung teilnimmt. Dass Herrn Mailinger die Arbeit wichtiger ist als die Person des Türken, kann dieser in keiner Weise verstehen.

Erläuterung zu d):
Die Familie ist das Wichtigste im Leben eines Türken. Der Großvater hat innerhalb der Familienhierarchie den höchsten Stellenwert (vgl. Themenbereich 4: Hierarchieorientierung). Sein Verlust ist für den türkischen Mitarbeiter so schwerwiegend, dass er sich von Herrn Mailinger mehr Anteilnahme erwartet und deswegen sehr enttäuscht ist. Dies spielt sicherlich eine Rolle, ist in dieser Situation aber nicht entscheidend. Auch wenn ein »niedriger stehendes« Familienmitglied verstorben wäre, würde der türkische Kollege die gleiche Anteilnahme erwarten.

◼ Lösungsstrategie

Türken haben ein anderes Verständnis von Gemeinschaftlichkeit. Für sie ist es wichtig, dass sie sich von den Menschen ihrer Umgebung (dazu gehören in jedem Fall auch die Arbeitskollegen) angenommen und aufgefangen fühlen. So kann jede Katastrophe gemeistert werden. Bei einem Trauerfall in der Familie oder im Kreis der Arbeitskollegen gebietet es der Anstand, der Beerdigung auf jeden Fall beizuwohnen. Dadurch wird der Zusammenhalt untereinander nicht nur gezeigt, sondern auch verstärkt. Herr Mailinger sollte lieber seine Arbeit ruhen lassen und sich die Zeit nehmen, dem türkischen Kollegen in dieser schwierigen Situation beizustehen. Sonst wird dieser sein Verhalten als mangelnde Verbundenheit und Ablehnung seiner Person empfinden.

Im Allgemeinen sollte man sich in Situationen, in denen ein Türke, der einem auch nur im Geringsten bekannt ist, ein Problem hat, sehr anteilnehmend zeigen. Es ist nicht von Bedeutung, ob und wie gut man denjenigen kennt, wichtig ist, dass man an seinem Schicksal Anteil nimmt, dass man Interesse an der Thematik hat und sich betroffen zeigt. Ob man etwas zur Lösung bzw. Linderung des Problems beitragen kann, ist völlig unwichtig. Es geht einfach darum, dem anderen zu symbolisieren, dass er nicht allein ist. Das wird erwartet und einem umgekehrt auch zuteil werden.

■ Kulturelle Verankerung von »Mitmenschlichkeit«

Das Prinzip der Mitmenschlichkeit ist ein tragendes Fundament der türkischen Gesellschaft. Es zeigt sich vor allem in der allgegenwärtigen Hilfsbereitschaft gegenüber Mitmenschen und in der überwältigenden Gastfreundschaft, die in- und ausländischen Gästen zuteil wird.

■ Solidarität und Gemeinschaftlichkeit

Die Türkei kann als kollektivistische Gesellschaft bezeichnet werden. Hier ist der Mensch von Geburt an in eine starke, geschlossene Gruppe integriert, die ihm unterstützend zur Seite steht. Auf nachbarschaftlichen und verwandtschaftlichen Bindungen beruhende Beziehungen schließen niemanden aufgrund von als unzureichend empfundenen Charaktereigenschaften aus; sie sind zufällig bestimmt durch Wohnort, Geburt oder Einheirat. Wichtig ist hierbei, dass man an den jeweiligen Freuden und Sorgen gegenseitig Anteil nimmt, auch wenn keine Lösung präsentiert werden kann. Im Vordergrund steht das Wir-Gefühl, das dem Betroffenen signalisiert, dass er nicht allein ist. Dies betrifft auch Menschen, die nicht verwandt sind, aber durch einen anderen Hintergrund mit dem Türken irgendwie in Verbindung stehen.

In der Türkei gilt eine andere Definition von Familie und Freundschaft als in Deutschland. Ein gut befreundeter Arbeitskollege oder enger Freund wird in der Türkei als Teil der Familie betrachtet, um den man sich in gleichem Maß zu kümmern hat. Es gehört einfach zur Höflichkeit, sich für den anderen zu interessieren und so wird man in jeder Stadt oder Dorf, das man besucht, Fragen zu Familie, Herkunft, Beruf und Befinden gestellt bekommen. Die Anteilnahme am anderen wird bereits an den Höflichkeitsritualen deutlich, die im türkischen Alltag ständig zu beobachten sind. So ist es am Arbeitsplatz üblich, dem Kollegen ein »Kolay gelsin« (»Möge die Arbeit leicht sein«) zu wünschen oder zu jemanden, der sich neue Kleidung gekauft hat, »Güle güle kullan« (»Trage es mit einem Lächeln«) zu sagen. Ebenso spiegelt es sich auch in der Formalisierung der Begrüßung von Gästen wider, die man bei jeder Begrüßung mit »Hoş geldiniz« (»Herzlich Willkommen«) anspricht und die sich dafür mit »Hoş bulduk« bedanken. Ein bloßes »Hallo, kommt rein« – wie es in Deutschland möglich ist – würde die dem Gast zustehende Ehrerbietung absprechen.

Der Mensch ist von Geburt an in eine starke, geschlossene Gruppe integriert, die ihm aber nicht nur unterstützend zur Seite steht, sondern der gegenüber er auch Verpflichtungen erfüllen muss. Der enge Zusammenhalt unter Verwandten oder unter Personen, die zum eigenen Beziehungsnetz gehören, muss sich im Alltag, aber besonders an Tagen von Freude und Schmerz beweisen. So ist es selbstverständlich, an der Hochzeit eines Arbeitskollegen teilzunehmen, auch wenn man mit ihm keine innige persönliche Beziehung hat, und ihm zur Seite zu stehen, wenn er einen Todesfall in der Familie zu beklagen hat. Allein durch die Bekundung von Anteilnahme wird der Schmerz für den Türken erträglicher, durch das Teilen der Freude wird diese vermehrt.

Verpflichtungen für den Nächsten ergeben sich auch im wirtschaftlichen Sinne, dass man für Verwandte, Nachbarn oder enge Bekannte eine finanzielle Verantwortung trägt. Gerät ein Angehöriger dieses Kreises in materielle Nöte, so ist es für die anderen verpflichtend, ihm mit allen Konsequenzen zu helfen. Auch ohne finanzielle Misere ist es selbstverständlich, dass geteilt wird. Wer in der Stadt oder in Deutschland lebt, bringt von dort Geld und Geschenke wie Elektroartikel und Kleidung mit. Vom Dorf schleppt man wiederum Säcke und Kanister selbst erzeugter ländlicher Produkte als Wintervorräte in die Stadt. So wird auf beiden Seiten die Lebensqualität erhöht. Zum Teil bleibt der türkischen Bevölkerung aufgrund der Umstände im Land auch keine andere Wahl, als sich gegenseitig zu unterstützen. 2003 lebten 28 % der Bevölkerung unter der Armutsgrenze (150 Euro monatlich für einen Vier-Personen-Haushalt; Türkiye Cumhuriyeti Başkanlık, 2006). Und obwohl die regelmäßig Arbeitenden kranken- und rentenversichert sind und theoretisch das Recht auf soziale Sicherheit seit 1982 im Grundgesetz verankert ist, sieht es in der Realität so aus, dass dieser Verfassungsartikel nicht in Kraft getreten ist und viele Menschen, vor allem auf dem Land, in diesem System gar nicht erfasst sind. Somit bleibt vielen nur das soziale Netz als Absicherung (vgl. Themenbereich 3: Beziehungsorientierung). Der Nachteil einer solchen Orientierung an der Beziehung ist logischerweise die Unselbstständigkeit der Mitglieder kollektivistischer Kulturen. Dadurch, dass sie sich auf das Aufgefangensein durch ihre Familie, Bekannte oder Nachbarn verlassen können, ist die individuelle Motivation, etwas zu verändern, relativ gering (vgl. Themenbereich 4: Hierarchieorientierung). So erwarten türkische Arbeitnehmer bei privaten Problemen auch Hilfe von ihrem Chef, sei es in beratender oder auch finanzieller Art und Weise, was bei einem deutschen Vorgesetzten auf großes Unverständnis stößt.

■ Gastfreundschaft

Sich gegenüber seiner Umwelt mitmenschlich zu verhalten, gilt in besonderem Maß für Gäste. Ein türkischer Gastgeber wird alles dafür tun, dass es seinem Gast an nichts mangelt. Selbstverständlich übernimmt er alle Kosten, die während des Aufenthalts des Gastes entstehen und versucht ihm die Zeit so angenehm wie möglich zu gestalten. Als Fremder sind Sie in seinen Augen auf Hilfe angewiesen. Um Ihnen einen nützlichen Rat geben zu können, stellt er Ihnen möglichst viele Fragen, da er Sie nur so besser kennen lernen und richtig einschätzen kann. Erst dann ist eine adäquate Grundlage für eine eventuelle Hilfeleistung geschaffen. Da Türken ein sehr großes verwandtschaftliches, nachbarschaftliches und freundschaftliches Beziehungsnetz haben, ist es oft nicht möglich, mit jedem Einzelnen ausreichend Zeit zu verbringen. Deswegen hat der Türke Mechanismen entwickelt, die es ihm ermöglichen, zu seinen Gästen höflich zu sein, auch wenn er nicht viel Zeit für sie hat. Zu seinen Mitmenschen, und insbesondere zu seinen Gästen, höflich zu sein, ist oberstes Gebot in der türkischen Gesellschaft. Dies wird unter anderem an den Begrüßungsfloskeln deutlich, die keine Antwort im eigentlichen Sinne erfordern. Auf ein »Nasılsın?« (»Wie geht es dir?«) wird in der Regel mit einem »Iyiyim« (»Mir geht es gut«) geantwortet. Gerade an den hohen Feiertagen, wenn ein Türke alle Verwandten und Bekannten besucht, ist es für Deutsche unverständlich, wieso sich die Konversation auf das Austauschen von kurzen Floskeln mit jedem Einzelnen beschränkt, anstatt mit wenigen Ausgewählten intensivere Gespräche zu führen. Niemand soll sich zurückgesetzt fühlen – das wäre unhöflich. Am Prinzip der Gastfreundschaft wird besonders der starke Zusammenhang von Themenbereich 2 (Mitmenschlichkeit) mit Themenbereich 1 (Ehre und Ansehen) deutlich. Wie bereits weiter oben beschrieben ergibt sich zwischen Gast und Gastgeber ein reziprokes Verhältnis von Geben und Neben, wodurch Ansehen erzeugt wird. Außerdem wird durch die Rolle des Gastgebers auch ein sozialer Prestigegewinn innerhalb der eigenen Gruppe in Gang gesetzt. Umgekehrt wäre es eine große Schande, quasi ein sozialer Makel, der Gastgeberrolle nicht gerecht werden zu können.

Durch eine Reihe kulturhistorischer und religiöser Hintergrundinformationen werden die Wurzeln der Mitmenschlichkeit und die Verknüpfung zu anderen Kulturstandards offensichtlich. In den vorislamischen Beduinengesellschaften gab es unter den schwierigen geographischen, wirtschaftlichen und politischen Bedingungen nur drei Kategorien von Menschen: Verwandte, Feinde und Gäste. Einen reisenden Fremdling als Gast aufzunehmen, galt als vornehme Pflicht. Für ihn die letzten Nahrungsreserven zu mobilisieren und eventuell das letzte Kamel zu schlachten, galt als selbstverständliche Norm. Für eine türkisch sprechende Seele ist der Fremde, der anklopft, *tanrı konuğu*, ein gottgesandter Gast. Dieser im Türkischen fest verankerte Begriff adelt den Fremden und gebietet ihn zu achten. Gast *(misafi)* hieß in der Sprache der Nomaden ursprünglich Reisender. Den türkischen Nomaden der Steppe war er gleichsam heilig. Gastfreundschaft bedeutet in einer Zeit, als es auf dem Land keine Hotels, keine guten Straßen und keine Autos gab, oft Lebensrettung. Als hilfsbedürftiges Wesen gilt der Reisende im Grund auch heute. Die Türken als eines der ältesten Kulturvölker sind aus den weiten Steppengebieten zwischen den Ural-Ketten und dem Kaspischen Meer im Westen und dem Altay-Gebirge im Osten stammend, teils in großen Völkerwanderungen, teils in kleineren Zügen in alle Himmelsrichtungen ausgeströmt. Nur durch gegenseitige Solidarität war ein Überleben auf der Wanderschaft möglich. Und gleichgültig, ob sie einen eigenen Staat gründeten oder nicht, vermischten sie sich überall, wo sie hingekommen waren, bereitwillig mit der einheimischen Bevölkerung.

Nach der Gründung der Republik durch Atatürk lag die bestimmende Loyalität des Einzelnen in der Solidarität innerhalb kleinerer gesellschaftlicher Gruppierungen. Nur durch die Bereitschaft, die individuellen Interessen den kollektiven Zielen der Gruppe unterzuordnen lässt sich deren Stabilität aufrechterhalten.

Obwohl es sich bei der türkischen Republik um eine laizistische Staatsform handelt, sind auch heute noch die Wurzeln des Islam zu spüren. Dies wird bei Themenbereich 2 (Mitmenschlichkeit) besonders deutlich. Von den so genannten fünf Säulen des Islam sind allein zwei von entscheidender Bedeutung, um sich die Hintergründe klarzumachen. So schreibt der Islam eine Sozial- beziehungsweise Almosensteuer (2,5 % der jährlichen Nettoeinnahmen bzw. nach Maßgabe seiner jeweiligen Möglichkeiten) vor, die Bedürftigen helfen soll. Es ist nicht selten der Fall, dass »a complete stranger sitting next to you on a bus or a train may offer you half of his modest ration, wrapped up in newspaper« (Bayraktaroğlu, 2000, S. 46). Die zweite Säule, das Fasten im Monat Ramadan, hat nicht nur einen religiösen, sondern auch einen sozialen Stellenwert. Alle fühlen sich miteinander verbunden, und zwar nicht nur, weil geteiltes Leid einander näher bringt, sondern ganz einfach deshalb, weil die Fastenzeit das individuelle Lebensgefühl in ein Gemeinschaftsgefühl aufhebt und überhöht. Auch nicht-religiöse Menschen, von denen es in der Türkei vor allem in den westlichen Großstädten eine Vielzahl gibt, schreiben der Solidarität im gemeinsamen Fasten einen hohen persönlichen und sozialen Sinn zu.

Außerdem ist an vielen Stellen des heiligen Buches der Muslime (der Koran) davon die Rede, dass man sich nicht nur gegenüber Witwen und Waisen, sondern auch gegenüber Reisenden großzügig verhalten soll. Dem Fremden zu helfen, verlangt die menschliche und religiöse Pflicht und ist außerdem verdienstvoll, denn dafür winkt nach einem Wort *(hadith)* des Propheten Lohn im Jenseits.

■ Themenbereich 3: Beziehungsorientierung

■ Beispiel 6: Die Grillfeier

■ Situation

Herr Selig arbeitet als Geschäftsführer in einer deutschen Firma in der Türkei. Immer wieder erhält er von seinen Mitarbeitern Einladungen nach Hause. Herr Selig ist darüber sehr erstaunt. Einer seiner Angestellten lädt ihn für das nächste Wochenende zu einer privaten Grillfeier ein. Herr Selig sagt, dass er leider schon eine andere Verabredung habe, um den Türken nicht zu verletzen. Obwohl ihm die Absage sehr unangenehm ist, ist ihm seine knapp bemessene Freizeit zu wertvoll, um sie auch noch mit seinen Mitarbeitern zu verbringen. Warum die Türken ein solch starkes Interesse an seiner Person haben, kann er nicht nachvollziehen.

Wie erklären Sie sich das Interesse der Türken an Herrn Selig?

– Lesen Sie nun die Antwortalternativen nacheinander durch.
– Bestimmen Sie den Erklärungswert jeder Antwortalternative für die gegebene Situation und kreuzen Sie ihn auf der darunter befindlichen Skala an. Es ist möglich, dass mehrere Antwortalternativen den gleichen Erklärungswert besitzen.

■ Deutungen

a) Herr Selig wird in seiner Eigenschaft als Deutscher als Gast des Landes angesehen. Für die türkischen Mitarbeiter ist es selbstverständlich, ihn einzuladen.

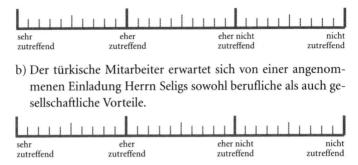

sehr
zutreffend

eher
zutreffend

eher nicht
zutreffend

nicht
zutreffend

b) Der türkische Mitarbeiter erwartet sich von einer angenommenen Einladung Herrn Seligs sowohl berufliche als auch gesellschaftliche Vorteile.

sehr
zutreffend

eher
zutreffend

eher nicht
zutreffend

nicht
zutreffend

c) Herr Selig wird von seinen türkischen Kollegen als Teil der »Firmen-Familie« betrachtet. In der Türkei verbringt man auch außerhalb der Arbeitszeit gern Zeit miteinander.

sehr
zutreffend

eher
zutreffend

eher nicht
zutreffend

nicht
zutreffend

d) Türken sind sehr stolz auf ihre Familie, ihre Küche und ihr Land im Allgemeinen. Durch einen Besuch von Herrn Selig könnten sie ihm das alles zeigen.

sehr
zutreffend

eher
zutreffend

eher nicht
zutreffend

nicht
zutreffend

– Versuchen Sie, Ihre Einstufung jeder Antwortalternative zu begründen. Halten Sie die Begründung in schriftlicher Form stichpunktartig fest.
– Lesen Sie nun die Erläuterungen zu jeder Antwortalternative durch und vergleichen Sie diese mit Ihren eigenen Begründungen.

■ Bedeutungen

Erläuterung zu a):

Wie bereits bei Themenbereich 2 (Mitmenschlichkeit) beschrieben, ist Gastfreundschaft eines der höchsten Gebote für einen Türken. Als Ausländer ist Herr Selig fern seiner Heimat, leidet vielleicht unter Heimweh. Die türkischen Mitarbeiter sehen es als selbstverständlich an, ihn einzuladen. Es ist eine Norm der türkischen Kultur, sich in jeder Hinsicht um das Wohl seiner Gäste zu kümmern. Dabei ist es egal, dass Herr Selig schon einige Zeit in der Türkei lebt. Aufgrund seiner Nationalität wird er immer den Status eines Gastes haben. Ein altes türkisches Sprichwort besagt: »Mein Haus ist dein Haus und mein Geld ist dein Geld.« Diese Antwort beschreibt die Situation zu einem gewichtigen Teil, ist jedoch nicht allein zutreffend.

Erläuterung zu b):

Herr Selig ist Geschäftsführer der Firma, hat also den obersten Rang in der Firmenhierarchie (vgl. Themenbereich 4 Hierarchie-orientierung). Wenn er bei einem der türkischen Angestellten zu Hause wäre, würde das einen großen Gewinn an Ansehen für den betreffenden Mitarbeiter bedeuten. Außerdem kann sich ein gutes Einvernehmen im privaten Bereich eventuell auch positiv auf die berufliche Zukunft des Mitarbeiters auswirken. Diese Aspekte haben sicherlich auch einen Einfluss auf das Verhalten der Türken gegenüber ihrem Chef, sind jedoch in der vorliegenden Situation nicht ausschlaggebend für die Einladung. Eine andere Antwort beschreibt sie zutreffender.

Erläuterung zu c):

In der Türkei ist es nicht üblich, die Grenze zwischen Privat- und Berufsleben so streng zu ziehen wie in Deutschland. Deutsche setzen Kontakte des Berufslebens nur unter bestimmten Bedingungen fort. Herr Selig wird von dem türkischen Mitarbeiter tatsächlich als ein Teil einer großen Familie gesehen. Den Türken ist es wichtig, ein geselliges und kommunikatives Verhältnis zu ihren Arbeitskollegen zu haben. Das Konzept Freizeit wird von ihnen anders definiert. Herr Selig verbringt seine Freizeit am liebsten fernab seiner Arbeit, in der Türkei ist es hingegen üblich, sich untereinander anzufreunden, die Familien der Arbeitskollegen kennen zu lernen und gemeinsam die Freizeit zu verbringen. Diese Antwort beschreibt die Situation neben Erläuterung 1 vollkommen.

Erläuterung zu d):

Türken sind sehr stolz auf ihr Land und auf alles, was ihr Leben ausmacht. Eine private Grillfeier wäre eine gute Gelegenheit, die eigenen Kinder, die Kochkünste der Frau und vieles mehr dem bewunderten deutschen Firmenchef vorzustellen (vgl. Themenbereich 8: Ambivalenter Nationalstolz). Der türkische Mitarbeiter würde Herrn Selig aber sicherlich auch einladen, wenn es sich nicht um den Firmenchef und nicht um einen Ausländer, sondern um einen ganz »normalen« türkischen Arbeitskollegen handeln würde. Deswegen ist die Erklärung in dieser Situation nicht zutreffend.

■ Lösungsstrategie

Herr Selig verhält sich in dieser Situation richtig, indem er die Einladungen seiner Mitarbeiter höflich und geschickt ablehnt. In der Türkei ist es trotz der Vermischung von Privatem und Beruflichen nicht üblich, dass der Geschäftsführer auf eine Grillfeier seiner Angestellten kommt. Das würden auch nur die wenigsten türkischen Chefs machen. Gerade weil die Firmenstruktur mit der Struktur einer Familie zu vergleichen ist, steht der Chef sozusagen als Vater in der Hierarchie über den Angestellten, der an Ansehen verlieren würde, wenn er sich auf dasselbe Niveau wie seine Mitarbeiter begeben würde. Da es sich bei Herrn Selig aber um einen Ausländer handelt, stellt sich die Situation etwas anders dar. Das Interesse an seiner Person geht über die normale Personenorientierung der Türken hinaus. Von vornherein haben die Türken ein viel größeres Interesse an ihren Mitmenschen; dies ist bei einem Ausländer nur noch verstärkt. Um ein gutes Betriebsklima herzustellen und zu erhalten, könnte Herr Selig im Gegenzug für die vielen Einladungen selbst einmal eine Feier veranstalten, zu der er seine Angestellten einlädt. Selbst wenn dann viele Türken aus Respekt vor der Position des Deutschen nicht kommen würden, ist es doch ein Signal, dass er seine Angestellten achtet und schätzt. Eine andere Möglichkeit wäre auch, ihnen dies auf indirekte Art und Weise zu vermitteln (z. B. durch eine Prämie für gute Arbeit oder durch einen gemeinsamen Betriebsausflug). In jedem Fall sollte eine Reaktion auf die offenkundigen Sympathiebezeugungen der Türken folgen, da den Türken eine gute Beziehung zu Herrn Selig sehr wichtig ist.

■ Beispiel 7: Die neue Schreibkraft

■ Situation

Frau Neumann ist Geschäftsführerin eines großen deutschen Unternehmens für Baumaterialien in der Türkei. Da zur Zeit in ihrem Büro sehr viel Arbeit anfällt, möchte sie eine zusätzliche Schreibkraft einstellen. Als sie ihre Sekretärin bittet, eine Annonce für die Stelle in der Zeitung aufzugeben, sagt diese: »Bevor wir die Stelle offiziell ausschreiben, können wir uns doch erst mal umhören, ob ein Bekannter einer unserer Mitarbeiter einen Job sucht. Das ist einfacher und dann kennen wir die neue Kraft schon.« Frau Neumann ist sich zwar nicht sicher, ob sie auf diesem Weg die qualifizierteste Kraft einstellen wird, die sich bewirbt, willigt jedoch ein. Tatsächlich meldet sich nach kurzer Zeit eine Bekannte eines Mitarbeiters für die Stelle und fängt als Schreibkraft in Frau Neumanns Büro an.

Wie erklären Sie sich die Vorgehensweise der Sekretärin?

– Lesen Sie nun die Antwortalternativen nacheinander durch.
– Bestimmen Sie den Erklärungswert jeder Antwortalternative für die gegebene Situation und kreuzen Sie ihn auf der darunter befindlichen Skala an. Es ist möglich, dass mehrere Antwortalternativen den gleichen Erklärungswert besitzen.

■ Deutungen

a) Einem Bekanntem kann man nach Ansicht der türkischen Sekretärin mehr vertrauen als jemandem, der unbekannt ist.

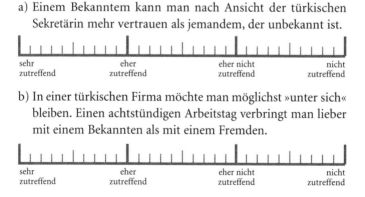

| sehr zutreffend | eher zutreffend | eher nicht zutreffend | nicht zutreffend |

b) In einer türkischen Firma möchte man möglichst »unter sich« bleiben. Einen achtstündigen Arbeitstag verbringt man lieber mit einem Bekannten als mit einem Fremden.

| sehr zutreffend | eher zutreffend | eher nicht zutreffend | nicht zutreffend |

c) In der Türkei ist es üblich, zu versuchen, freie Stellen zunächst im Bekanntenkreis zu besetzen. So hat man bei demjenigen umgekehrt auch wieder etwas gut.

| sehr zutreffend | eher zutreffend | eher nicht zutreffend | nicht zutreffend |

d) Die türkische Mitarbeitern möchte die Stelle nicht öffentlich ausschreiben, weil sie sich die Arbeit mit der Ausschreibung und Auswahl sparen möchte.

| sehr zutreffend | eher zutreffend | eher nicht zutreffend | nicht zutreffend |

- Versuchen Sie, Ihre Einstufung jeder Antwortalternative zu begründen. Halten Sie die Begründung in schriftlicher Form stichpunktartig fest.
- Lesen Sie nun die Erläuterungen zu jeder Antwortalternative durch und vergleichen Sie diese mit Ihren eigenen Begründungen.

■ Bedeutungen

Erläuterung zu a):

Bekannten wird in der Türkei in weitaus größerem Maß vertraut, als dies in Deutschland der Fall ist. In Deutschland erwirbt sich die Arbeitskraft Vertrauen vor allem durch ihr tadelloses Verhalten am neuen Arbeitsplatz. Das gilt für jeden Arbeitnehmer in gleicher Weise. Nur durch die Tatsache, dass jemand verwandt oder bekannt ist (Privatbereich), ergeben sich keine Konsequenzen auf beruflicher Ebene. In der Türkei hat man als Bekannter bereits einen viel höheren Status als jemand Unbekanntes – unabhängig von den fachlichen Qualifikationen. Diese Antwort erläutert die Situation teilweise, aber auch andere Aspekte sind von Wichtigkeit.

Erläuterung zu b):

Die Trennung zwischen Berufs- und Privatleben hat in der Türkei keine große Bedeutung. Im Gegenteil ist es tatsächlich so, dass das Arbeitsleben einen Teil des Privatlebens darstellt, den man sich am besten so angenehm wie möglich gestaltet. Es macht mehr Spaß, mit jemandem zusammenzuarbeiten, den man kennt und mag, als mit jemandem völlig Unbekannten, wo man sich der Gefahr aussetzt, nicht mit ihm auszukommen. Diese Erklärung ist nur zum Teil zutreffend. Es stimmt, dass man den Arbeitsalltag lieber mit jemandem Bekannten verbringt, Türken scheuen sich jedoch nicht davor, neue Leute kennen zu lernen und diese in ihr Beziehungsnetz zu integrieren.

Erläuterung zu c):
In der Türkei ist das Beziehungsnetz sehr wichtig, weil es eine Art des »Aufgefangensein« darstellt. Die soziale Absicherung, die der Staat bietet, ist nicht so stark ausgeprägt wie in Deutschland. Beziehungen sind in der Türkei generell sehr wichtig (vgl. Themenbereich 5: Relativismus von Regeln und Zeit); sie können einem, wie zum Beispiel im Berufsleben, viele Vorteile verschaffen. Die Hilfsbereitschaft gegenüber anderen kann in einer anderen Situation wiederum nützlich für einen selbst sein. Frau Neumanns Sekretärin verhilft in der obigen Situation einer ihrer Bekannten zu einer neuen Arbeitsstelle. Bei einer Arbeitslosenquote von 10,3 % (Stand 2004; Barzel, 2005) ist dies ein sehr großer Gefallen für die Bekannte und auch für ihre Familie. Dadurch kann die Sekretärin davon ausgehen, dass die eingestellte Bekannte ihr einen Gefallen »schuldig« ist. Sie und ihre Familie werden alles dafür tun, Frau Neumanns Sekretärin zu helfen, wenn sie in einer Notsituation ist. Diese Antwort erklärt die vorliegende Situation am besten.

Erläuterung zu d):
Für die türkische Sekretärin ist Frau Neumann die direkte Vorgesetzte. Ihr zu widersprechen, indem sie die Bekannte als potenzielle neue Schreibkraft vorschlägt, ist eine Sache. Niemals würde es ihr aber einfallen, Arbeitsaufträge nicht auszuführen, weil sie sich vor der Arbeit scheut. Dies stünde in krassem Gegensatz zur starken Hierarchieorientierung, die in Unternehmen, die in der Türkei ansässig sind, vorherrscht (vgl. Themenbereich 4: Hierarchieorientierung). Diese Antwort ist nicht geeignet, das Verhalten der Türkin zu erklären.

■ Lösungsstrategie

In einer solchen Situation sollte Frau Neumann nicht den Fehler machen, es grundsätzlich auszuschließen, Bekannte oder Verwandte von Angestellten einzustellen. Diese Art und Weise der Stellenbesetzung hat auch Vorteile. So ist es durchaus wahrscheinlich, dass sich die neue Schreibkraft schnell in die Firma integriert und zu einem angenehmen Arbeitsklima beiträgt, das besonders in der Türkei von großer Bedeutung für gute Arbeitsleistungen ist. Frau Neumann könnte ihre Sekretärin bitten, ihr die Bewerbungsunterlagen von der Bekannten vorzulegen und ihr erklären, dass sie die Qualifikation der Betreffenden prüfen werde und sich bei ausreichender Qualifikation eine Einstellung durchaus vorstellen könne. In dieser Situation ist es für Frau Neumann außerdem wichtig, dass sie sich nicht die Führungsrolle aus der Hand nehmen lässt. Sie muss ihrer Sekretärin klar und deutlich signalisieren, dass sie nach wie vor die Chefin und damit diejenige ist, die die Entscheidungen trifft. Nur so kann sie sich den Respekt ihrer Angestellten bewahren.

Widerspricht die Art und Weise der Personalrekrutierung gänzlich Frau Neumanns Überzeugungen, so ist es das Beste, eine Personalvermittlungsagentur zu beauftragen, die für sie die besten Kandidaten finden wird. Ihr muss jedoch klar sein, dass sie damit ihre Angestellten vor den Kopf stoßen wird und ihre Stellung in der Firma nicht gerade verbessert.

■ Beispiel 8: Der Vertrag

■ Situation

Herr Faber ist deutscher Angestellter einer Kreditanstalt und nur für einige Tage in der Türkei, um mit dem türkischen Geschäftspartner des Instituts eine Vertrag auszuarbeiten. Als man sich zum ersten Mal trifft, geht er kurz auf die Fragen des Türken nach seinem Befinden ein, lehnt den Tee, der ihm angeboten wird, höflich ab und steigt gleich mitten ins Thema ein. Der türkische Geschäftspartner war zunächst sehr herzlich, benimmt sich jedoch

auf einmal sehr steif, beantwortet die Fragen des Deutschen nur
äußerst knapp und entschuldigt sich bald, er hätte noch einen
wichtigen Termin und müsse weg. Der Deutsche ist über dieses
Verhalten sehr verwirrt, zumal er extra für die Verhandlungen in
die Türkei geflogen ist. Beim nächsten Termin, der am folgenden
Tag angesetzt ist, erscheint nur ein Angestellter seines ursprünglichen Verhandlungspartners. Er erklärt, er sei beauftragt worden, die Gespräche in Zukunft zu führen. Seinen eigentlichen Geschäftspartner bekommt der Deutsche nicht mehr zu Gesicht.
Ein Vertrag kommt nicht zu Stande.

Wie erklären Sie sich diese Entwicklung der Geschäftsbeziehung?

– Lesen Sie nun die Antwortalternativen nacheinander durch.
– Bestimmen Sie den Erklärungswert jeder Antwortalternative
  für die gegebene Situation und kreuzen Sie ihn auf der darunter befindlichen Skala an. Es ist möglich, dass mehrere Antwortalternativen den gleichen Erklärungswert besitzen.

▪ Deutungen

a) In der Türkei hat der Begriff »Zeit« eine andere Bedeutung als
   in Deutschland. Die Zeit für eine ordentliche Begrüßung hat
   man immer.

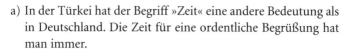

sehr   eher   eher nicht   nicht
zutreffend   zutreffend   zutreffend   zutreffend

b) Der Türke wollte mit Herrn Faber bei einer Tasse Tee gern ein
   paar persönliche Worte wechseln. Mit dem sachorientierten
   Gesprächsstil des Deutschen kann er nichts anfangen.

sehr   eher   eher nicht   nicht
zutreffend   zutreffend   zutreffend   zutreffend

c) Der türkische Geschäftspartner fühlt sich als Herrn Fabers
   Gastgeber. Er ist schwer gekränkt, dass seine Gastfreundschaft
   einfach abgewiesen wurde.

| sehr zutreffend | eher zutreffend | eher nicht zutreffend | nicht zutreffend |

d) Der türkische Geschäftspartner hatte tatsächlich einen wichtigen Termin vergessen und deswegen auch in den folgenden Tagen keine Zeit, sich mit Herrn Faber persönlich zu treffen.

| sehr zutreffend | eher zutreffend | eher nicht zutreffend | nicht zutreffend |

– Versuchen Sie, Ihre Einstufung jeder Antwortalternative zu begründen. Halten Sie die Begründung in schriftlicher Form stichpunktartig fest.

– Lesen Sie nun die Erläuterungen zu jeder Antwortalternative durch und vergleichen Sie diese mit Ihren eigenen Begründungen.

▓ Bedeutungen

Erläuterung zu a):
Herrn Fabers Auftrag ist es, mit dem türkischen Geschäftspartner des Geldinstituts einen Vertrag auszuarbeiten. Er weiß, dass er nur für einen begrenzten Zeitraum in der Türkei ist, in der der Auftrag abgewickelt werden soll. Gemäß der deutschen Sachorientierung versucht er, die Verhandlungen zielorientiert voranzutreiben und so wenig Zeit wie möglich zu »verschwenden«. Zeit ist für einen Deutschen ein wertvolles Gut, das effektiv genutzt werden muss. Für den Türken ist dieses Verhalten äußerst befremdlich. Beim Aufbau einer Geschäftsbeziehung ist es vollkommen egal, wie viel Zeit dafür verbraucht wird. Zeit ist ein Konstrukt, das wenig ernst genommen wird, ebenso wie das Schicksal liegt es allein in Gottes Hand (vgl. Themenbereich 5: Relativismus von Regeln und Zeit). Diese Antwort erklärt die Situation recht gut, jedoch sind auch andere Ursachen für das Verhalten des Türken verantwortlich.

Erläuterung zu b):

In der Türkei ist es von großer Bedeutung, gerade zu Geschäftspartnern eine persönliche Beziehung aufzubauen. Dies geschieht bereits beim ersten Treffen, indem man vor dem eigentlichen Verhandlungsthema einige persönliche Worte wechselt. Dadurch bringt man sich gegenseitige Wertschätzung entgegen, was die Grundlage für jede gute Geschäftsbeziehung ist. Herr Faber kennt es als Deutscher so, Berufliches und Privates zu trennen, und möchte sich deswegen im Gespräch mit seinem Geschäftspartner auf den geschäftlichen Teil beschränken. Die Sachorientierung Herrn Fabers steht im krassen Gegensatz zur Beziehungsorientierung des Türken. Dieser findet das Verhalten des Deutschen äußerst kränkend und zieht sich deswegen zurück. Diese Antwort beschreibt die Situation zum größten Teil.

Erläuterung zu c):

Herr Faber ist zwar nicht der private Gast seines türkischen Geschäftspartners, aber dennoch ist er ein Gast des Landes. Einem Gast wird in der Türkei viel Ehre und Höflichkeit entgegengebracht, damit er sich willkommen fühlt (vgl. Themenbereich 2: Mitmenschlichkeit). Diese Ehrerbietung drückt sich in der Situation dadurch aus, dass Herr Faber Tee angeboten bekommt und man ihm einige persönliche Fragen stellt. Das Prinzip der Gastfreundschaft gebietet es jedoch auch, diese zu erwidern. Unterbleibt die Erwiderung, stellt dies eine große Beleidigung und damit eine Verletzung der Ehre des türkischen Geschäftspartners dar. Um sein Gesicht nicht vollständig zu verlieren, zieht er deswegen seine Konsequenzen und schickt zum nächsten Treffen einen Vertreter. Diese Erklärung ist für die obige Situation ebenfalls wichtig, weil es sich bei Herrn Faber um einen Ausländer handelt.

Erläuterung zu d):

Türkische Geschäftsmänner haben in der Regel viele Termine. Von Zeit zu Zeit kann es auch vorkommen, dass ein Termin vergessen wird. Wenn aber ein Vertreter des Mutterunternehmens aus Deutschland anreist, hält man sich alle Termine vom Hals, um sich möglichst viel Zeit für den wichtigen Geschäftspartner zu nehmen. Somit ist diese Antwortung nicht plausibel.

■ Lösungsstrategie

In der vorliegenden Situation handelt es sich um das erste Treffen zwischen Herrn Faber und seinem türkischen Geschäftspartner. In dieser sensiblen Phase des Kennenlernens ist es wichtig, sich für den Aufbau einer persönlichen Beziehung Zeit zu nehmen. Obwohl es Herr Faber eilig hat, sollte er dennoch den angebotenen Tee annehmen und freundlich und ruhig auf die Fragen des Türken eingehen sowie auch ihn einige persönliche Dinge fragen. Danach könnte er bedauernd anmerken, dass er leider nur sehr wenig Zeit habe und deswegen leider gleich zum geschäftlichen Teil übergehen müsse. Nach dem anfänglichen Smalltalk wird der Türke dafür Verständnis haben und mit ihm gern über den Vertrag sprechen.

Allgemein ist in der Türkei beim Aufbau von Geschäftsbeziehungen ein festes Ritual einzuhalten. Bei einem ersten Kennenlernen steht immer die persönliche Ebene im Vordergrund, man versucht sich durch gegenseitige höfliche Fragen besser kennen zu lernen und so eine Wertschätzung füreinander zu gewinnen. Erst nach dem Aufbau dieser für türkische Geschäftsbeziehungen so wichtigen Wertschätzung ist eine Verhandlungsbasis geschaffen. Ab diesem Zeitpunkt hat man das Vertrauen eines Türken gewonnen und ist in sein Beziehungsnetz integriert. Einer guten geschäftlichen Beziehung steht dann nichts mehr im Wege.

■ Kulturelle Verankerung von »Beziehungsorientierung«

Mitglieder der türkischen Kultur orientieren sich in sehr großem Maße an Beziehungen. Diese ergeben sich sowohl in der Familie als auch in der Arbeit. Zum einen geschieht dies aufgrund des Interesses am Menschen an sich, zum anderen aber auch, weil man sich dadurch einen Nutzen erhofft.

In Abgrenzung zu Themenbereich 2 (Mitmenschlichkeit), der sich in jedem Fall durch konkrete Anteilnahme bzw. Hilfeleistungen auszeichnet, definiert sich Themenbereich 3 (Beziehungsorientierung) über das generelle Interesse am Mitmenschen und

über den hohen Stellenwert von Beziehungen. Dies kann Hilfeleistungen zur Folge haben kann, muss es jedoch nicht zwingend.

■ Personenorientierung

Im Umgang mit türkischen Interaktionspartnern stehen immer
die Person und die Beziehung zu ihr im Vordergrund, die Sache
spielt hingegen nur eine untergeordnete Rolle. Dies steht dem
sachorientierten Verhalten eines Deutschen entgegen. In Deutschland ist für die berufliche Zusammenarbeit die Fachkompetenz
des Geschäftspartners ausschlaggebend und nicht die Beziehung,
die man zu ihm unterhält. Die Rolle, die zur Position eines Ge-
schäftsmannes gehört, ist eine andere als die der Privatperson.
Demzufolge tauscht man sich nur mit guten Freunden auch privat
aus. Türkische Menschen hingegen reden sowohl beruflich als
auch privat gern und viel – sie lieben es, Neuigkeiten auszutauschen und gemeinsam Zeit zu verbringen. Dabei unterscheiden sie
nicht, aus welchem Kontext sie den Interaktionspartner kennen.
Dies beschreibt ein türkischer Zeitungsverkäufer folgenderma-
ßen: »Nur der Tag, an dem du mit keinem Menschen gesprochen
hast, ist ein verlorener Tag.« Der Informationsaustausch gehört
sozusagen zu den allgemein betriebenen Formen des Zeitvertreibs.
Es ist ein großes Grundinteresse am Mitmenschen da – man versucht, zu ihnen Beziehungen aufzubauen und diese anschließend,
zum Beispiel durch gemeinsame Unternehmungen, zu festigen.

■ Familienorientierung

Zunächst spiegelt sich das im Umgang mit der eigenen Familie
wider. Diese nimmt für den Türken einen besonderen Stellenwert ein. Ein Türke bindet seine Angehörigen stets in sein individuelles Leben mit ein und wird auch umgekehrt sein ganzes
Leben lang in das der Familie mit eingebunden werden. Selbst
wenn der Trend längst von der traditionellen Großfamilie hin zur
Kernfamilie geht, ändert dies nichts an der starken familiären
Orientierung. Hierbei werden zwischen den Generationen keine

Unterschiede gemacht – für einen Türken ist es völlig normal, Zeit mit seinen Großeltern, Tanten, Onkeln usw. zu verbringen und er tut dies auch gern. Die Familie ist der Dreh- und Angelpunkt des gesellschaftlichen Lebens. Nach dem Befinden der Familie zu fragen oder Grüße an die Familienmitglieder auszurichten ist selbstverständlich. Völlig unverständlich ist es für einen Türken, dass deutsche Jugendliche mit 18 Jahren bei den Eltern ausziehen oder aber sogar von ihnen »vor die Tür gesetzt« werden. Das klingt in türkischen Ohren nach Verantwortungslosigkeit. Die Stabilität innerhalb der Familie wird durch strenge Hierarchien zwischen den Angehörigen der Familie eingehalten (vgl. Themenbereich 4: Hierarchieorientierung).

■ Vermischung von Beruflichem und Privatem

Diese traditionellen Beziehungsformen übernimmt der Türke in moderne Arbeits- und Lebensverhältnisse, sodass auch dort gemeinschaftliche Strukturen entstehen. Diese Form des Arbeitslebens erfordert, dass Kommunalität und Bindung gegen Individualismus und Freiheit hervorgehoben werden. Türken weisen ein starkes Bedürfnis auf, sich in Binnenwelten zu bewegen, also in einer Art »kontrollierten Fremdseins«, in welchem neu Hinzukommende über Gruppenangehörige ausgewiesen sind. Demzufolge ist verständlich, warum man gern Personen einstellt, die bereits einer eigenen Gruppe angehören. So ist die Integration des »Neuen« bereits gewährleistet. Dadurch ergibt sich eine andere Einstellung zum Konzept »Arbeit« als in der deutschen Kultur üblich. Je privater sich der Arbeitsalltag gestaltet, desto angenehmer empfindet ihn ein Türke. So ist auch das gemeinschaftliche Essen in der Arbeit selbstverständlich. In Deutschland werden die Kosten für das Kantinenessen bei denjenigen vom Lohn abgezogen, die überhaupt in der Kantine essen möchten. In der Türkei ist es jedoch so, dass die Kosten für das Kantinenessen bereits im vorhinein vom Lohn abgezogen werden, ob der Angestellte nun in die Kantine geht oder nicht – sein Essen ist bereits bezahlt. Diese Tatsache macht deutlich, wie abwegig für einen Türken der Gedanke ist, allein zu Mittag zu essen. Mit Arbeitskollegen gemeinsam verbrachte Zeit ist enorm wichtig zur Verstärkung der gegenseitigen Beziehung.

Türken wollen keine Grenze zwischen Privatem und Beruflichem haben. Sie möchten nicht zu »Sklaven der Arbeit« werden, sondern versuchen das Angenehme mit dem Notwendigen zu verbinden. Begünstigt wird diese Einstellung durch die Tatsache, dass es in der Türkei sehr viele Familienunternehmen gibt. Die Ländereien der enteigneten Paschas wurden zur Zeit der Gründung der Republik an Geschäftsleute gegeben, die Atatürk politisch nahestanden. Aus ihnen gingen die mächtigsten Unternehmerdynastien des Landes hervor, wie Koç und Sabançi, denen heute etliche Banken, Zement- und Reifenwerke und andere Unternehmen gehören. Somit werden auch hier familienähnliche Verhältnisse wirksam (vgl. Themenbereich 4: Hierarchieorientierung).

◼ Nutzung des Beziehungsgeflechts

Aus diesen starken Beziehungsgeflechten ergeben sich zwangsläufig vielfältige Nutzen. Für einen Türken ist es zum Beispiel viel angenehmer, mit einem Freund Geschäfte zu machen, als mit einem Fremden. Er erhofft sich davon, dass ein Freund sich einem Freund gegenüber vielleicht mit einem kleineren Gewinn zufrieden geben wird, nicht so hart verhandelt und dass er dann auch Verständnis hat, wenn es beim Ausführen eines Auftrags zu Verzögerungen oder Fehlern kommt (vgl. Themenbereich 5: Relativismus von Regeln und Zeit). Aus diesem Grund wird dem Aufbau von Beziehungen besonders viel Zeit gewidmet. Ein Geschäftsabschluss ohne gemeinsames Teetrinken und gegenseitiges Kennenlernen ist für einen türkischen Geschäftsmann undenkbar. Dies wird zum Teil auch durch elaborierte Begrüßungsrituale ausgeführt, in denen man sich stereotype Fragen zuwirft. Der Schwerpunkt liegt demzufolge nicht auf der Informationsebene, sondern auf der Beziehungsebene. Die für einen Beziehungsaufbau aufgewendete Zeit wird weder im privaten noch im geschäftlichen Kontext als verschwendet betrachtet. Selbst wenn man momentan vielleicht keinen Lohn für diese Investition bekommt, so hat man in jedem Fall die Grundlage für die Herstellung eines Beziehungs-netzwerks geschaffen, das zu einem späteren Zeitpunkt von Vorteil sein kann (vgl. Themenbereich 7: Händlermentalität).

Dieser Themenbereich 3 (Beziehungsorientierung) begründet sich in den *mahalles*, den ethnisch-religiösen Wohnvierteln. Diese waren so konstruiert, dass sich nur selten ein Fremder dorthin verirrte, und somit spielte sich das Leben der Gruppe im Innen-bereich ab und man orientierte sich an der sozialen Binnenwelt. Dies hatte zur Folge, dass man diese Gruppe, der man angehörte, mit mehreren Funktionen ausstattete. Dadurch, dass die meisten Dinge gemeinsam gemacht wurden, war es häufig der Fall, dass ein Arbeitskollege nicht nur ein Arbeitskollege, sondern vielleicht auch der Nachbar und der Cousin war. Die Lebensbereiche über-lappten sich. Dies findet sich heute noch im privaten wie auch im unternehmerischen Kontext.

■ Themenbereich 4: Hierarchieorientierung

■ Beispiel 9: Der Besuch

■ Situation

Frau Busch arbeitet seit einigen Wochen als Lektorin bei einer deutschen Institution in der Türkei. Ihre Arbeitskollegin, mit der sie sich gut versteht, lädt sie zu sich nach Hause ein. Da die Arbeitskollegin noch unverheiratet ist, wohnt sie, wie es in der Türkei üblich ist, noch bei ihren Eltern. Als Frau Busch bei der Familie eintrifft, verschwindet ihre Kollegin sofort in der Küche, um für sie Essen und Getränke vorzubereiten. Frau Busch sitzt mit der Familie im Wohnzimmer und versucht, sich mit ihren mangelhaften Türkisch-Kenntnissen zu unterhalten. Die Freundin bringt schließlich Kuchen und Tee, ist aber die ganze Zeit nur dabei, zwischen Küche und Wohnzimmer hin- und herzulaufen, um sie und Eltern zu bewirten. Frau Busch hätte sich diesen Besuch ganz anders vorgestellt. Sie hätte gedacht, dass sie mit ihrer Kollegin gemütlich zusammensitzen und mit ihr plaudern würde. Dass sie die meiste Zeit mit der Familie ihrer Kollegin mühsamen Smalltalk betreibt, hätte sie wirklich nicht erwartet.

Wie erklären Sie sich das Verhalten der türkischen Kollegin?

– Lesen Sie nun die Antwortalternativen nacheinander durch.
– Bestimmen Sie den Erklärungswert jeder Antwortalternative für die gegebene Situation und kreuzen Sie ihn auf der darunter befindlichen Skala an. Es ist möglich, dass mehrere Antwortalternativen den gleichen Erklärungswert besitzen.

■ Deutungen

a) Da die türkische Kollegin noch zu Hause wohnt, ist es selbst-verständlich, dass sich die ganze Familie um Frau Busch küm-mert. Das gebietet das Konzept der Gastfreundschaft.

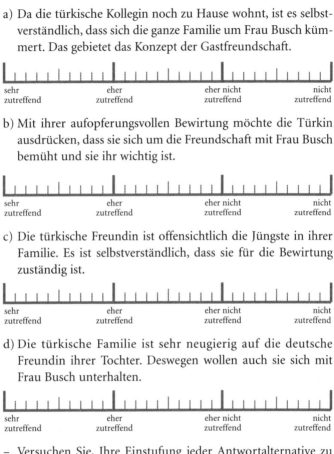

| sehr zutreffend | eher zutreffend | eher nicht zutreffend | nicht zutreffend |

b) Mit ihrer aufopferungsvollen Bewirtung möchte die Türkin ausdrücken, dass sie sich um die Freundschaft mit Frau Busch bemüht und sie ihr wichtig ist.

| sehr zutreffend | eher zutreffend | eher nicht zutreffend | nicht zutreffend |

c) Die türkische Freundin ist offensichtlich die Jüngste in ihrer Familie. Es ist selbstverständlich, dass sie für die Bewirtung zuständig ist.

| sehr zutreffend | eher zutreffend | eher nicht zutreffend | nicht zutreffend |

d) Die türkische Familie ist sehr neugierig auf die deutsche Freundin ihrer Tochter. Deswegen wollen auch sie sich mit Frau Busch unterhalten.

| sehr zutreffend | eher zutreffend | eher nicht zutreffend | nicht zutreffend |

– Versuchen Sie, Ihre Einstufung jeder Antwortalternative zu begründen. Halten Sie die Begründung in schriftlicher Form stichpunktartig fest.

– Lesen Sie nun die Erläuterungen zu jeder Antwortalternative durch und vergleichen Sie diese mit Ihren eigenen Begrün-dungen.

■ Bedeutungen

Erläuterung zu a):

In der Türkei ist es üblich, einem Gast den Aufenthalt im Gastland so angenehm wie möglich zu gestalten (vgl. Themenbereich 2: Mitmenschlichkeit). Dies gilt insbesondere, wenn er sich direkt im Haus des Gastgebers befindet. Frau Busch war nach der Einladung ihrer türkischen Arbeitskollegin der Meinung, dass sie deren Gast sei. Mit dem Betreten eines türkischen Hauses wird ein Gast jedoch automatisch zum Gast der ganzen Familie, um den es sich zu kümmern gilt. In Deutschland herrscht jedoch ein anderes Konzept von Gastfreundschaft vor. Es reicht, wenn sich nur der unmittelbare Gastgeber mit dem Besuch beschäftigt. Im Gegensatz dazu hat in der Türkei jeder Hausbewohner seinen Zuständigkeitsbereich, auf welche Art und Weise er sich um den Gast zu kümmern hat. Diese Antwort erklärt, warum sich auch die Eltern um Frau Busch bemühen, jedoch nicht, warum lediglich die Tochter für deren Bewirtung zuständig ist. Dieser Aspekt wird von einer anderen Erläuterung beschrieben.

Erläuterung zu b):

Wird man von einem Türken zu sich nach Hause eingeladen, ist das eine große Anerkennung für den Besucher. Dadurch wird der betreffenden Person Sympathie und Wertschätzung entgegen gebracht. Die türkische Arbeitskollegin freut sich sehr über den Besuch Frau Buschs. Durch ihre hausfraulichen Dienste möchte sie signalisieren, dass ihr eine Freundschaft zu Frau Busch wichtig ist und dass sie sie sehr schätzt (vgl. Themenbereich 6: Indirekte Kommunikation). Es ist richtig, dass Türken Interesse an anderen oft indirekt ausdrücken, in dieser Situation spielt diese Eigenschaft jedoch nur eine untergeordnete Rolle.

Erläuterung zu c):

In einer türkischen Familie herrschen ganz strikte Hierarchien, mit denen alle Familienangehörigen von Kindheit an vertraut sind und die wie selbstverständlich eingehalten werden. In der vorliegenden Situation bedient die jüngste Töchter als rangniedrigstes Glied der Familienhierarchie den Gast, wohingegen sich die ranghöheren Eltern mit ihm unterhalten. Frau Buschs türkische Freundin würde niemals auf die Idee kommen, sich von ihrer Mutter bedienen zu lassen, das wäre eine Schande für sie, weil sie in der Hierarchie über ihr steht. Jüngere sind verpflichtet, Älteren Respekt entgegen zu bringen *(saygı)*. Obwohl der Gast eigentlich der Gast der Tochter ist, haben die Eltern als Hierarchiehöhere, und vor allem der Vater, der noch über seiner Frau steht, das Recht, über Freunde und Bekannte ihrer Kinder Bescheid zu wissen und diese bei Besuchen kennenzulernen. Diese Erklärung beschreibt die Situation am besten.

Erläuterung zu d):

In der Türkei herrscht ein viel stärkeres Interesse am Leben der einzelnen Familienmitglieder, als das in Deutschland der Fall ist. In Deutschland leben die Angehörigen einer Familie viel autonomer, als es in der Türkei üblich ist. Deutsche Eltern sehen den Besuch einer Freundin ihrer Tochter als deren Angelegenheit an. Selbstverständlich wird man den Gast begrüßen, doch sich dann zurückziehen. In der Türkei hat die Familie hat einen sehr hohen Stellenwert, dem von Seiten aller Generationen Respekt gezollt wird. Demzufolge sind nicht nur die türkischen Eltern neugierig, wer die neue Freundin ihrer Tochter ist, sondern legt auch die Tochter Wert darauf, dass ihre Eltern Frau Busch kennen lernen. Da die Bedeutung der Familie so groß ist, wird ein Türke immer versuchen, seine Familie in sein eigenes, individuelles Leben mit einzubeziehen (vgl. Themenbereich 3: Beziehungsorientierung). Diese Antwort erklärt einen Teilaspekt der Situation, jedoch nicht die Kernaussage.

■ Lösungsstrategie

In keinem Fall können die Eltern von Frau Buschs Besuch ausgeklammert werden. Selbst wenn sie sich den Besuch anders vorgestellt hatte und sie sich eigentlich lieber mit ihrer Kollegin unterhalten würde, wäre dies das Unmöglichste, was sie machen könnte. In dieser Situation kann sie sich lediglich anpassen und sich auf eine Minimal-Konversation mit den Eltern einlassen. Sie könnte auch versuchen, die Freundin zur Seite zu nehmen und ihr sagen, dass sie sehr gern ihre Eltern kennen lernt, aber diese nicht sehr gut versteht und es deswegen angenehm wäre, wenn die Freundin übersetzen würde. Dies wäre eine Möglichkeit, sie in das Gespräch mit einzubeziehen. Frau Busch kann aber davon ausgehen, dass diese Situation sich nur bei ihrem ersten Besuch in der Familie der Freundin so extrem gestaltet. Bei einem nächsten Besuch wird sie sicherlich schon mehr Zeit mit der Freundin verbringen können.

Möchte Frau Busch die Eltern der Arbeitskollegin nicht kennen lernen, kann sie ihr auch vorschlagen, sich in einem Café zu treffen. Sie sollte sich dafür aber eine gute Erklärung zurechtlegen, da die Türkin dies ansonsten als Ablehnung ihrer Familie und damit auch als Abwertung ihrer eigenen Person empfinden könnte. Der Besuch zu Hause ist eigentlich unumgänglich.

Allgemein lässt sich festhalten, dass die Hierarchien innerhalb einer Familie sehr stark ausgeprägt sind. Für einen Deutschen ist es befremdlich zu sehen, dass die volljährige Tochter noch zu Hause lebt und sie immer noch als »kleines Mädchen«, das helfen muss, agiert. Alle Familienmitglieder haben eine feste Position im Familiengefüge, die unbedingt eingehalten werden muss. Das steht wiederum in engem Zusammenhang mit der Reihenfolge und Art der Begrüßung (die Jüngsten zuletzt und die Ältesten mit Handkuss, wobei die geküsste Hand dann an die Stirn geführt wird). Ausdruck findet es auch in der Art der Konversation. Der Ranghöchste hat die meisten Gesprächsanteile und man widerspricht ihm nur im äußersten Notfall. Frauen halten sich in Diskussionen generell zurück, wenn ein Mann anwesend ist.

Beispiel 10: Die Diskussion

Situation

Herr Rosenberg arbeitet als kaufmännischer Geschäftsführer in einem großen deutschen Unternehmen in der Türkei. Eines Nachmittags findet ein wichtiges Meeting statt, bei dem über die nächstjährige Preispolitik entschieden werden soll. Herr Rosenberg möchte zu dieser Thematik auch die Meinung seiner türkischen Angestellten hören und versucht, eine Diskussion in Gang zu bringen. Keiner der Türken geht aber auf seine Anregungen ein. Er hat das Gefühl, dass alle nur darauf warten, dass er den Kurs vorgibt. Um seine Kollegen aus der Reserve zu locken, macht Herr Rosenberg einen unrentablen Vorschlag für die Gestaltung der Preise. Zu seiner Überraschung sagt einer der türkischen Mitarbeiter: »Ja, gut, wenn das Ihre Meinung ist, dann machen wir das so!« Herr Rosenberg traut seinen Ohren kaum. Er versteht nicht, warum ihm der Türke so vorbehaltlos zustimmt und ihm nicht mit einem Gegenvorschlag antwortet.

Wie erklären Sie sich die Reaktion des türkischen Mitarbeiters?

– Lesen Sie nun die Antwortalternativen nacheinander durch.
– Bestimmen Sie den Erklärungswert jeder Antwortalternative für die gegebene Situation und kreuzen Sie ihn auf der darunter befindlichen Skala an. Es ist möglich, dass mehrere Antwortalternativen den gleichen Erklärungswert besitzen.

■ Deutungen

a) Der Türke hat offensichtlich keine Lust, sich an der Diskussion zu beteiligen. Damit die Besprechung schneller vorbei geht, akzeptiert er Herrn Rosenbergs Vorschlag ohne Zögern.

| sehr
zutreffend | eher
zutreffend | eher nicht
zutreffend | nicht
zutreffend |

b) Der türkische Mitarbeiter hat Angst, seinen Job zu verlieren, wenn er etwas Falsches sagt.

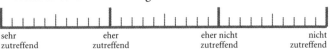

| sehr
zutreffend | eher
zutreffend | eher nicht
zutreffend | nicht
zutreffend |

c) Der Angestellte hätte ein direktes »Nein« äußern müssen. Das gilt in der Türkei als unhöflich.

sehr   eher   eher nicht   nicht
zutreffend   zutreffend   zutreffend   zutreffend

d) Herr Rosenberg ist der Geschäftsführer der Firma. Aufgrund der Position, die er innehat, ist seine Meinung grundsätzlich richtig, egal wie sie lautet.

sehr   eher   eher nicht   nicht
zutreffend   zutreffend   zutreffend   zutreffend

- Versuchen Sie, Ihre Einstufung jeder Antwortalternative zu begründen. Halten Sie die Begründung in schriftlicher Form stichpunktartig fest.
- Lesen Sie nun die Erläuterungen zu jeder Antwortalternative durch und vergleichen Sie diese mit Ihren eigenen Begründungen.

■ Bedeutungen

Erläuterung zu a):

In der vorliegenden Situation wünscht Herr Rosenberg, dass sich die Mitarbeiter an der Diskussion beteiligen. Als Deutscher erwartet er von seinen Arbeitskollegen eine starke Identifikation mit ihrer beruflichen Tätigkeit und somit eine engagierte Teilnahme an der Diskussion. Türkische Angestellte sind es jedoch von ihren türkischen Chefs nicht gewohnt, dass ihre Beteiligung an einer Diskussion gewünscht wird. Auch bei Verhandlungen mit Geschäftspartnern ist es so, dass der Chef die absolut höchste Stufe der Hierarchie dadurch ausdrückt, dass er das Gespräch nicht nur leitet, sondern zum größten Teil auch allein führt. Die Mitarbeiter beschränken sich meistens darauf, Notizen zu machen. Es wird von ihnen nicht Eigeninitiative, sondern Gehorsamkeit erwartet. Demzufolge ist Herrn Rosenbergs Aufforderung für den Angestellten höchst ungewöhnlich, noch dazu in einer offenen Art der Fragestellung. Diese Antwort ist hier zutreffend, aber nicht allein ausschlaggebend für das Verhalten des Türken.

Erläuterung zu b):

In der Türkei können Arbeitsverträge ohne gesetzliche Kündigungsfrist ausgestellt werden. Diese äußeren Gegebenheiten haben in jedem Fall Auswirkungen auf das Verhalten der türkischen Angestellten. Der türkische Mitarbeiter kann Herrn Rosenberg nicht einschätzen. Er weiß nicht, ob er seine Angestellten nur aus der Reserve locken möchte oder ob es vielleicht nicht doch seine wirkliche Meinung ist. Um auf Nummer sicher zu gehen, stimmt er ihm lieber vorbehaltlos zu. Diese Erklärung begründet das Verhalten des Türken nur teilweise. Eine andere Antwort trifft den Sachverhalt besser.

Erläuterung zu c):

Türken tun sich im Allgemeinen schwer damit, eine direkte Ablehnung zu äußern. In ihren Augen gefährdet das die so wichtige interpersonelle Harmonie, was sie möglichst vermeiden wollen (vgl. Themenbereich 6: Indirekte Kommunikation). Für Deutsche ist es jedoch üblich, direkt und explizit zu kommunizieren. Herr Rosenberg hat seinen Preisvorschlag so provokativ in den Raum gestellt, dass es dem Türken unmöglich war, darauf eine indirekte Verneinung als Antwort zu geben. Nur ein direktes »Nein« wäre in dieser Situation angebracht gewesen, was aus Sicht des Türken zu einem offenen Konflikt geführt hätte. Diese Antwort beschreibt die Situation zu einem gewissen Teil, ist jedoch nicht hauptverantwortlich für das Verhalten des Türken.

Erläuterung zu d):

Herr Rosenberg steht als Geschäftsführer in der Firmenhierarchie ganz weit oben. Deswegen gebührt ihm großer Respekt *(saygı)*, wozu gehört, dass auch seine Vorschläge respektiert werden. Für den türkischen Mitarbeiter geht es in der Situation nicht um den inhaltlichen Aspekt, sondern darum, *wer* den Vorschlag macht. Dadurch ist er automatisch mehr wert und stärker zu gewichten, als wenn er von einem anderen Kollegen kommen würde. Ganz im Gegensatz dazu stellt sich der deutsche Kommunikationsstil dar: Die Sache steht im Vordergrund, persönliche Beziehungen spielen hierbei eine untergeordnete Rolle. Bei türkischen Chefs hingegen kann es durchaus vorkommen, dass sie die Meinung der Kollegen lediglich zur Bestätigung ihrer eigenen Ansichten oder als Beweis des Gehorsams ihrer Angestellten hören möchten. Ein türkischer Chef führt seine Mitarbeiter patriarchalisch, das heißt, Anweisungen und Befehle werden von oben gegeben, um dann von unten bedingungslos akzeptiert und ausgeführt zu werden. Die Unterordnung und Loyalität geht im Extremfall so weit, dass für einen Untergebenen das Äußern einer eigenen Meinung als Überschreiten der eigenen Kompetenzen wahrgenommen wird. Diese Antwort erklärt die Situation am besten.

■ Lösungsstrategie

Herr Rosenberg ist als Geschäftsführer auf produktive, konstruktive Diskussionsbeiträge seiner Mitarbeiter angewiesen. In gemeinsamen Diskussionen werden Lösungsvorschläge erarbeitet und weiterentwickelt. Den türkischen Mitarbeitern fällt es schwer, sich offen und ehrlich gegenüber einer höher gestellten Person zu äußern. Eigeninitiative und autonome Meinungsäußerung überschreitet nach ihrer Meinung ihre Zuständigkeit sowie ihre Kompetenzen. Der Deutsche sollte in jedem Fall direkte Provokationen vermeiden – damit erreicht er eher das Gegenteil.

Um türkische Mitarbeiter zur Teilnahme an einer Diskussion zu bringen, empfiehlt es sich, offene Fragestellungen zu verwenden oder zum Beispiel ein Brainstorming durchzuführen. Auf keinen Fall sollte ein Vorgesetzter eigene Vorschläge in den Raum stellen und sie von den Türken bewerten lassen. Mit einer solchen Vorgehensweise können die Türken nur schwerlich umgehen und werden somit nicht ihre ehrliche Meinung nicht abgeben. Wichtig ist es, das Vertrauen der Mitarbeiter zu gewinnen, so dass diese keine Angst mehr vor negativen Konsequenzen haben müssen. Ob das in der direkten Kommunikation möglich ist, ist fraglich, da hierbei wieder der Raum für sprachliche Missverständnisse in einem so sensiblen Feld geöffnet und sich der Chef der Gefahr aussetzen würde, an Respekt zu verlieren. Vielleicht kann er zunächst mit einem vertrauten türkischen Kollegen sprechen, der Kenntnisse der deutschen Kultur mitbringt, damit dieser das auf eine eindeutige, aber dennoch vorsichtig formulierte Art und

Weise an die restlichen Kollegen übertragen kann. So wird der Gefahr des Gesichtsverlusts der Angestellten vorgebeugt.

■ Beispiel 11: Das Hilfsangebot des Chefs

■ Situation

Herr Klein ist als Diplomand bei einem großen deutschen Automobilhersteller in der Türkei beschäftigt. Als er seine Tätigkeit dort aufnimmt, wird er allen Kollegen vorgestellt. Sein Vorgesetzter sagt ihm, dass er immer zu ihm kommen könne, wenn er Probleme habe – egal welcher Art. Herr Klein bemerkt aber, dass sein Chef sehr, sehr viel Arbeit hat und beschließt, ihn nur im Notfall etwas zu fragen. Eines Tages gibt es ein Problem, mit dem sich Herr Klein gern an den Vorgesetzten wenden würde und vorsichtig fragt er an, wann sie denn darüber sprechen könnten. Sein Vorgesetzter, der offensichtlich bis über beide Ohren in Arbeit steckt, lässt sofort alles stehen und liegen und meint, selbstverständlich könnten sie sofort darüber sprechen. Herr Klein ist über diese Reaktion sehr erstaunt – damit hätte er wirklich nicht gerechnet. Er hätte gedacht, dass sein Chef dieses Angebot nur höflichkeitshalber gemacht hat und er ihn danach sowieso nicht mehr zu Gesicht bekommen würde.

Wie erklären Sie sich die Hilfsbereitschaft des türkischen Chefs?

– Lesen Sie nun die Antwortalternativen nacheinander durch.
– Bestimmen Sie den Erklärungswert jeder Antwortalternative für die gegebene Situation und kreuzen Sie ihn auf der darunter befindlichen Skala an. Es ist möglich, dass mehrere Antwortalternativen den gleichen Erklärungswert besitzen.

■ Deutungen

a) Der deutsche Diplomand wird vom Chef als Gast gesehen. Deswegen schenkt er ihm besonders große Aufmerksamkeit.

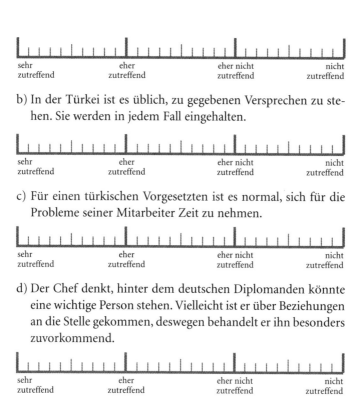

| sehr zutreffend | eher zutreffend | eher nicht zutreffend | nicht zutreffend |

b) In der Türkei ist es üblich, zu gegebenen Versprechen zu stehen. Sie werden in jedem Fall eingehalten.

| sehr zutreffend | eher zutreffend | eher nicht zutreffend | nicht zutreffend |

c) Für einen türkischen Vorgesetzten ist es normal, sich für die Probleme seiner Mitarbeiter Zeit zu nehmen.

| sehr zutreffend | eher zutreffend | eher nicht zutreffend | nicht zutreffend |

d) Der Chef denkt, hinter dem deutschen Diplomanden könnte eine wichtige Person stehen. Vielleicht ist er über Beziehungen an die Stelle gekommen, deswegen behandelt er ihn besonders zuvorkommend.

| sehr zutreffend | eher zutreffend | eher nicht zutreffend | nicht zutreffend |

– Versuchen Sie, Ihre Einstufung jeder Antwortalternative zu begründen. Halten Sie die Begründung in schriftlicher Form stichpunktartig fest.
– Lesen Sie nun die Erläuterungen zu jeder Antwortalternative durch und vergleichen Sie diese mit Ihren eigenen Begründungen.

■ **Bedeutungen**

Erläuterung zu a):
In der Türkei ist es üblich, zu Ausländern besonders freundlich und hilfsbereit zu sein (vgl. Themenbereich 2: Mitmenschlichkeit). Der türkische Chef weiß, dass Herr Klein Deutscher ist, noch dazu ist er sehr jung und lebt ohne seine Familie in der Türkei. Es entspricht dem Prinzip der türkischen Gastfreund-

83

schaft, ihm in der Situation zu helfen. Diese Antwort ist jedoch nur zu einem geringen Teil die adäquate Erklärung für das Verhalten des Türken. Würde es sich um einen türkischen Angestellten handeln, würde sich der Chef sicherlich in ähnlicher Weise verhalten.

Erläuterung zu b):

In der Türkei ist es oberstes Gebot, hilfsbereit gegenüber seinen Mitmenschen zu sein. Wichtig ist hierbei, dass man Hilfe anbietet und bei Problemen Anteilnahme zeigt (vgl. Themenbereich 2: Mitmenschlichkeit). Dies erfordert aber nicht zwingend, dass man auch zur Lösung des Problems beiträgt. Allein diese gemeinschaftliche Grundhaltung verlangt von dem türkischen Chef, dass er Herrn Klein seine Hilfe anbietet. Häufig werden jedoch auch Angebote und Versprechungen abgegeben, die eigentlich aus zeitlichen oder anderen Gründen gar nicht eingehalten werden können. Dies ist kein böser Wille, man möchte lediglich höflich sein und dem Gegenüber seine grundsätzliche Bereitschaft zur Hilfe signalisieren. Die Antwort erklärt die Situation somit nicht.

Erläuterung zu c):

Das Verhältnis eines türkischen Chefs zu seinen Angestellten entspricht dem eines Vaters zu seinen Kindern, ist also stark paternalistisch. Dies verlangt auf der einen Seite von den Mitarbeitern unbedingten Gehorsam, Loyalität und Respekt (*saygı*), ermöglicht auf der anderen Seite aber auch das Aufgefangensein durch einen väterlich-fürsorglichen Chef. Ein deutscher Vorgesetzter unterscheidet klar zwischen beruflicher und privater Fürsorge. Auf der beruflichen Ebene wird er seine Angestellten unterstützen, alles was darüber hinaus geht, ist jedoch deren Privatsache. Für einen türkischen Vorgesetzten ist es selbstverständlich, sich um das Wohl seiner Angestellten zu kümmern und für deren Probleme, wann immer möglich, ein offenes Ohr zu haben. Davon sind auch rangniedrige Angestellte, wie in diesem Fall der Diplomand Herr Klein, betroffen, da auch er eines seiner »Kinder« ist. Das kann durchaus sogar soweit gehen, dass der Chef seine Mitarbeiter auch bei privaten Problemen (z. B. Geldsorgen,

Wohnungsnot, Krankheit, Probleme in der Familie o. Ä.) unterstützt (vgl. Themenbereich 3: Beziehungsorientierung). Als Angestellter eines türkischen Chefs kann man in jedem Fall um Hilfe bitten, man wird Gehör finden. Diese Antwort beschreibt die Situation am besten.

Erläuterung zu d):
Herr Klein arbeitet als Deutscher in einer deutschen Firma in der Türkei. Der türkische Chef weiß womöglich nicht, über welche Kontakte er an die Stelle gekommen ist und macht sich Gedanken, ob vielleicht eine wichtige Person hinter dem Diplomanden stehen könnte. Der Diplomand könnte Informationen über den türkischen Chef in die deutsche Zentrale tragen, deswegen möchte er sich mit ihm gut stellen. Diese Antwort kann für die vorliegende Situation nicht überprüft werden, ist jedoch unwahrscheinlich. Eine andere Erklärung beschreibt sie weitaus besser.

■ Lösungsstrategie

Herr Klein kann das Angebot ruhig annehmen, sofern es sich wirklich um ein wichtiges Problem handelt. Der Chef nimmt sich gern für ihn Zeit. Umgekehrt erwartet er dafür aber auch, dass Herr Klein ihm enorm viel Respekt (saygı) entgegenbringt und seinen Rat sowie seine Entscheidungen akzeptiert. Herr Klein muss wissen, dass zwischen türkischen Angestellten und ihrem Chef eine gegenseitige Verpflichtungsbeziehung besteht, die in jedem Fall eingehalten werden muss. Das hat zum einen große Vorteile, schränkt jedoch auch den eigenen Verantwortungsbereich extrem ein. Darüber sollte sich Herr Klein im Klaren sein, wenn er seinen Vorgesetzten um Hilfe ersucht.

Im umgekehrten Fall, wenn es sich um einen deutschen Chef mit türkischen Angestellten handelt, so muss diesem bewusst sein, dass ihn seine türkischen Mitarbeiter bei Problemen um Hilfe bitten werden, bei denen er seine Zuständigkeit eigentlich nicht gegeben sieht. So kann es durchaus vorkommen, dass bei einem finanziellen Engpass aufgrund privater Probleme der Chef um eine Gehaltserhöhung gebeten wird. Deutsche Vorgesetzte sind von einer solchen Bitte sehr überrascht, ziehen sie doch eine klare Grenze zwischen Berufs- und Privatleben. Sie sollten sich das Anliegen des Türken jedoch durch den Kopf gehen lassen und, wenn keine Gehaltserhöhung möglich ist, einen anderen Vorschlag unterbreiten, wie geholfen werden kann. Dies wird sich in der Zukunft auszahlen, weil sich türkische Angestellte dadurch ihrem Vorgesetzten gegenüber extrem verpflichtet fühlen, was sie mit großer Loyalität und enormen Arbeitseinsatz auszugleichen versuchen werden. Somit ist die Grundlage für eine vertrauensvolle und gegenseitige Beziehung geschaffen.

■ Kulturelle Verankerung von »Hierarchieorientierung«

■ Der Wert Respekt

In der gesamten türkischen Gesellschaft spielen Hierarchien im Umgang mit den Mitmenschen eine entscheidende Rolle. Für die Einhaltung der Hierarchien ist eine weitere zentrale Verhaltensnorm der türkischen Kultur – neben *namus* und *şeref* – verantwortlich, nämlich *saygı* (Achtung, Respekt). *Saygı* ist ein sozialer und gradueller Wert, dessen Funktion vor allem darin besteht, das hierarchische Verhältnis der Autorität zu regeln. Dabei handelt es sich weniger um ein individuell erworbenes, persönliches Ansehen, als vielmehr um die Ausfüllung einer sozialen Position. Demnach gewinnt oder verliert eine Person *saygı*, je nachdem wie nahe/weit entfernt sie von einer gesellschaftlichen Autoritätsidee steht. Dabei ist es egal, ob die Person aufgrund ihres Titels oder aufgrund ihres Reichtums Ansehen erworben hat. *Saygı* muss ihr in jedem Fall entgegengebracht werden. *Saygı*, als Instrument zur Erhaltung von Hierarchien, wird deutlich im Bereich der allgemeinen Gesellschafts- und Familienhierarchie, als auch im unternehmerischen Kontext. Dieser zeichnet sich durch einen paternalistischen Führungsstil aus. *Saygı* ist also wichtig, um die Einhaltung der Hierarchien in den beiden Bereichen zu gewährleisten. Um die Hierarchiestufen dann auch offensichtlich werden zu lassen, sind in der türkischen Kultur Statussymbole von großer Bedeutung.

Hierarchien in allen Lebensbereichen

In der Hierarchie der türkischen Gesellschaft und Familie finden Männer vor Frauen und Ältere vor Jüngeren ihren Platz. Vor allem die Stellung des Vaters oder des ältesten männlichen Bewohners des Haushalts ist von entscheidender Bedeutung. Die Erweisung von *saygı* reicht sogar so weit, dass ein türkischer Sohn niemals in Gegenwart seines Vaters rauchen würde, selbst wenn dieser weiß, dass er Raucher ist. Durch seine soziale Stellung gebührt ihm uneingeschränkter Respekt. Es ist eine Tradition der Namensgebung männlicher Nachkommen, dem Sohn als Beinamen den Namen des Vaters zu geben. So wird die Respektsbekundung gegenüber dem Vater bereits im Namen sichtbar. Gegenüber der Mutter ist der Erweis von *saygı* weitaus formloser als gegenüber dem Vater. Die Achtung ist eher innerlicher als formaler Natur. Durch die Rolle der Mutter kann also trotz des strengen Verhältnisses zum Vater eine emotionale Beziehung zum Kind aufgebaut werden.

Hierarchisch sind auch die Beziehungen auf der Frauenseite (Mutter – Töchter – jüngere Schwester), allerdings sind sie weniger stark abgrenzend. Prinzipiell stehen die Töchter der Familie in der Rangordnung hinter den Söhnen zurück. Das jüngste weibliche Mitglied der Familie nimmt somit den untersten Platz in der Hierarchie ein. Die jüngste Tochter ist es deswegen auch, die für die Bewirtung von Gästen zuständig ist und die der Mutter am meisten zur Hand geht. Durch dieses wohl tarierte Autoritätsgefüge wird die türkische Familie zu einem der stabilsten sozialen Netze, das man sich vorstellen kann. Durch explizite Bezeichnungen für jede einzelne *saygı*-Position lässt sich die Außenwelt bezüglich Gleichheit und Ungleichgewicht strukturieren. So hat jeder einzelne Verwandtschaftsgrad einen eigenen Namen (z. B. *teyze* für die Schwester der Mutter, *hala* für die Schwester des Vaters usw.). Ein Türke kann noch so modern sein: Er wird es nach Möglichkeit vermeiden, gegen die Ansichten des

Familienrats zu verstoßen. Kann er das aus irgendwelchen Gründen nicht, so tut er es nur mit äußerst großen Gewissensbissen.

■ Paternalistischer Führungsstil

Nicht nur, weil es sich bei türkischen Firmen häufig um Familienunternehmen handelt, setzt sich die traditionelle türkische Familienhierarchie auch in modernen Firmen fort. Somit stellt der Chef eine Art Vater dar, dem man bedingungslos zu gehorchen hat. Türkische Mitarbeiter sind es gewohnt, Anweisungen und Befehle von oben zu erhalten, die sie auszuführen haben. Deswegen sind sie mit dem demokratischen Führungsstil vieler deutscher Manager überfordert und stellen sogar seine Autorität und Kompetenz in Frage, wenn er bei Entscheidungen ihre Meinung hören möchte oder ihnen Entscheidungen selbst überlässt. Wie bereits erklärt, würde aufgrund des großen Respekts vor der Führungsperson keiner der Untergebenen auf die Idee kommen, seine Meinung ungefragt zu äußern oder gar dem Chef zu widersprechen. Selbst wenn eine Anweisung oder Erklärung nicht verstanden wurde, versucht er, die Aufgabe so gut wie möglich auszuführen und vermeidet es so weit es nur geht, nachzufragen (vgl. Themenbereich 6: Indirekte Kommunikation). Das wäre nach dem Konzept *saygı* dem Chef gegenüber respektlos, beinhaltet es doch die indirekte Anschuldigung, er habe sich nicht ausreichend erklärt. Zudem wäre damit ein Gesichtsverlust für den Fragenden verbunden (vgl. Themenbereich 1: Ehre und Ansehen). Gesichtspunkte der »Gehörigkeit« oder »Ungehörigkeit« sind so deutlich ausgeprägt, dass sie bisweilen rationale Entscheidungen hinauszögern. Ebenfalls offensichtlich wird die Sonderstellung des Chefs durch die Anhängung *bey* (»Herr«) an dessen Vornamen. Die gleichgestellten Kollegen redet man für gewöhnlich einfach mit dem Vornamen oder mit einem daran angehängten *abı* (»Bruder«) an, für den Chef wäre das jedoch undenkbar. Nach einer Umfrage der türkischen Handelskammer bewertet die Mehrheit der fünfzig befragten Executives türkische Manager als »autokratisch«. »With a management title you can dictate. All decisions are taken by the top. The top management decides and the staff cannot disagree.« Ein deutscher Expatriate empfindet es so: »Turkish managers are boss-type. They keep more distance with the people under them« (Oktay, 1996, in: Kartarı, 1997, S. 114). Deswegen ist es in den meisten türkischen Unternehmen der Fall, dass sich die türkischen Angestellten davor scheuen, Eigeninitiative oder Verantwortung zu übernehmen. »Vater« Chef ist nicht nur die oberste Verfügungsgewalt, sondern auch die erste Instanz, von der man bei Problemen Hilfe erwartet und bekommt. Die Türkei ist ein sehr elitär denkendes Land, in dem Standes- und Rangunterschiede viel zählen. Dafür ist die Patronage Ehrensache. Man gehorcht seinem Arbeitgeber, weil er im Umkehrschluss auch für den Einzelnen sorgt. Es entsteht also eine gegenseitige Verpflichtungsbeziehung, in der Unterwürfigkeit mit patriarchalischer Fürsorge belohnt wird.

Orientierung an Statussymbolen

Um nun die Hierarchiestufen auch nach außen hin sichtbar zu machen, also offen zu legen, wem *saygı* gebührt und wem nicht, basiert die türkische Kultur sehr stark auf Statussymbolen. So ist sofort klar, wie man sich seinem Interaktionspartner gegenüber verhalten muss. Dies kann sich zum Beispiel in Form eines großen Büros, eines großen Autos oder auch eleganter, teurer Kleidung ausdrücken. Ist kein Statussymbol vorhanden, das der gesellschaftlichen Position, die man bekleidet, angemessen ist, so wird man in der türkischen Gesellschaft nicht akzeptiert werden und enorm an *saygı* einbüßen. Umgekehrt wird man umso respektvoller behandelt, je mehr man seine Position auch nach außen hin zeigt. So kann man leicht erkennen, dass jemand entweder reich, wichtig oder beides ist und dass man sich ihm gegenüber mit höchstmöglicher Achtung zu verhalten hat.

Für die hierarchische Ausprägung der türkischen Gesellschaft lassen sich viele Erklärungen in der Geschichte des Landes finden. So war das Osmanische Reich der Herrschaft eines Sultans (Kalifat) unterstellt. Der Staat wurde als Instanz umfassender väterlicher Sorge empfunden, der den Einzelnen zum bloßen Befehlsempfänger degradierte und ihn seine eigene, persönliche Identität vergessen machte. Durch den patrimonialen Charakter der Sultansherrschaft basierte die osmanische Identität auf Untertanentreue und Loyalität gegenüber dem Sultan. Das war das ideale Sein eines rechtschaffenen Muslimen. Die Autorität der Tradition war unanfechtbar, da diese durch die Religion legitimiert war. Außerdem war man nicht nur dem Sultan verpflichtet, sondern auch der *mahalle*, der man angehörte. Jede *mahalle* war ein Mikrokosmos der allgemeinen Gesellschaftsordnung mit seinen Reichen, den Menschen mittleren Einkommens, den Zünften und den armen Leuten. Die gesellschaftliche Realität wurde in Einflussbereiche aufgeteilt, die es zu schützen galt. Somit erhielt der Mann neben der egalitär-konstanten Familienehre *(namus)* eine variable, das heißt eine sich nach seiner Stellung bestimmende Ehre *(şeref)*, die durch die allgemein anerkannte Wichtigkeit des jeweiligen Bereichs *(had)* bestimmt war.

Will man den Ursprung der türkischen Hierarchieorientierung verstehen, muss sich auch der Entwicklung der osmanischen Stadt zuwenden. Sie zeichnete sich durch eine scharfe Zweiteilung aus, in die Herrschaftsklasse *(askeri:* Geistlichkeit, Offiziere, Verwaltung) und in die Untertanen *(reaya:* wörtlich Herde). Da sich die *mahalles,* in denen die untere Schicht lebte, durch eine starke ethnisch-religiöse Differenzierung definierte, kam es trotz vorhandener Kristallisationskerne nirgends zur Bildung eines bürgerlich städtischen Selbstbewusstseins. Somit konnte es nie zu einer Integration der Volkskultur in die Hochkultur kommen. Im Gegenteil kam es seit dem Beginn des 19. Jahrhunderts angesichts einer immer bedrohlicheren Schwäche des Osmanischen Reiches zu einer immer größeren Ausdifferenzierung der Oberschicht, welche ihre Bedeutung gern durch Statussymbole, wie der Angemessenheit von Kleidung, zum Ausdruck brachte. Die Unterschiede zwischen den Gesellschaftsschichten wurden immer mehr verdichtet und die Hierarchien verstärkt.

Abschließend erwähnt werden soll auch das türkische Schulsystem. Es ist verantwortlich dafür, dass bereits in der Grundschule der Wunsch nach eigenständigem Denken nicht gefördert wird. Der Schulalltag basiert hauptsächlich auf Auswendiglernen und untergebenem Gehorsam gegenüber dem Lehrer. Wie be-

reits erklärt, findet sich dies noch heute im Verhalten vieler türkischer Angestellter, wenn man auch eine Aufweichung beobachten kann, da viele Türken heute an westlichen Universitäten stu-
diert oder in ausländischen Firmen gearbeitet haben. Somit
lernten sie andere Unterrichtsmethoden kennen, was ihren
Wunsch nach Autonomie und Mitsprache gefördert hat.

■ Themenbereich 5:
Relativismus von Regeln und Zeit

■ Beispiel 12: Der Termin

■ Situation

Herr Wegmann arbeitet als Trade-Manager in einer großen deutschen Bank in der Türkei. Der Geschäftsführer teilt den Angestellten an einem Dienstag mit, dass bis Mittwochabend eine dringende Terminsache abgeschlossen werden müsse. Als Herr Wegmann von diesem Termin erfährt, geht er sofort zu seinen Kollegen und fragt, ob sie nicht gleich zusammen mit der Arbeit beginnen könnten. Allein kann er leider nichts verrichten, da es sich um eine Teamaufgabe handelt. Die Kollegen meinen aber, dass es locker reiche, erst morgen mit der Bearbeitung anzufangen. Obwohl Herr Wegmann immer wieder nachfragt, passiert aber auch den ganzen Mittwochvormittag nichts. Erst am Spätnachmittag kommen Herrn Wegmanns Kollegen auf ihn zu und sind nun sehr gestresst. Obwohl sie bis spät in die Nacht arbeiten, schaffen es die Bankangestellten nicht, den Termin einzuhalten. Herr Wegmann ist sehr ärgerlich. Er hatte gleich gesagt, dass sie am Dienstag anfangen sollten, weil es sonst zu knapp werden würde. Jetzt musste er bis spät in die Nacht arbeiten und der Termin konnte dennoch nicht eingehalten werden. Er versteht nicht, warum die Türken nicht früher anfangen wollten.

Wie erklären Sie sich, dass Herrn Wegmanns türkische Kollegen nicht früher anfangen wollten?

– Lesen Sie nun die Antwortalternativen nacheinander durch.
– Bestimmen Sie den Erklärungswert jeder Antwortalternative

für die gegebene Situation und kreuzen Sie ihn auf der darunter befindlichen Skala an. Es ist möglich, dass mehrere Antwortalternativen den gleichen Erklärungswert besitzen.

■ Deutungen

a) Die Türken haben keine Lust, sich von ihrem deutschen Kollegen sagen zu lassen, wann sie mit dem Auftrag anzufangen haben. Schließlich arbeiten sie schon viel länger in der Bank.

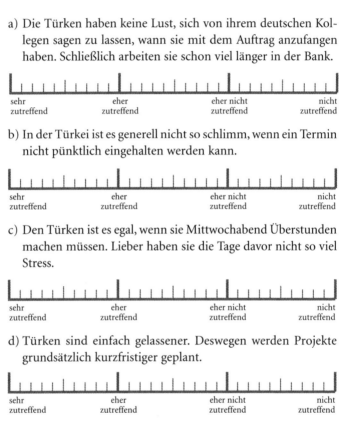

| sehr | eher | eher nicht | nicht |
| zutreffend | zutreffend | zutreffend | zutreffend |

b) In der Türkei ist es generell nicht so schlimm, wenn ein Termin nicht pünktlich eingehalten werden kann.

| sehr | eher | eher nicht | nicht |
| zutreffend | zutreffend | zutreffend | zutreffend |

c) Den Türken ist es egal, wenn sie Mittwochabend Überstunden machen müssen. Lieber haben sie die Tage davor nicht so viel Stress.

| sehr | eher | eher nicht | nicht |
| zutreffend | zutreffend | zutreffend | zutreffend |

d) Türken sind einfach gelassener. Deswegen werden Projekte grundsätzlich kurzfristiger geplant.

| sehr | eher | eher nicht | nicht |
| zutreffend | zutreffend | zutreffend | zutreffend |

- Versuchen Sie, Ihre Einstufung jeder Antwortalternative zu begründen. Halten Sie die Begründung in schriftlicher Form stichpunktartig fest.
- Lesen Sie nun die Erläuterungen zu jeder Antwortalternative durch und vergleichen Sie diese mit Ihren eigenen Begründungen.

■ Bedeutungen

Erläuterung zu a):
Herr Wegmann hat als Deutscher eine Sonderstellung unter seinen Kollegen. Sie befinden sich zwar auf der gleichen Hierarchiestufe, Herr Wegmann ist jedoch aus dem westlichen Ausland. Der türkische Nationalstolz bzw. der Stolz auf die eigenen Leistungen und Fähigkeiten ist sehr groß, auf der anderen Seite fühlt man sich gegenüber westlichen Ausländern häufig benachteiligt (vgl. Themenbereich 8: Ambivalenter Nationalstolz). Vielleicht möchten die Kollegen Herrn Wegmann signalisieren, dass sie die Situation selbst bestens im Griff haben, um sich so nicht dem Ehrverlust auszusetzen, den ein angenommener Ratschlag eines in der Hierarchie gleichgestellten Deutschen beinhalten würde. Diese Antwort erscheint wenig plausibel in Anbetracht der Tatsache, dass Türken um ein gutes Einvernehmen mit ihren Arbeitskollegen – gerade mit Ausländern – bemüht sind und Herrn Wegmanns Frage, wann man mit der gemeinsamen Arbeit beginnen könnte, noch keine Ehrverletzung darstellt.

Erläuterung zu b):
Im Zuge der Globalisierung und der immer stärkeren Einbindung der Türkei in den europäischen Markt wäre die Türkei nicht wettbewerbsfähig, wenn generell nicht auf die Einhaltung von Terminen geachtet würde. Es ist allerdings richtig, dass mit Fristen in der Regel lockerer umgegangen wird als in Deutschland. Für einen Türken ist es kein Weltuntergang, wenn ein Termin einmal nicht auf den Tag genau eingehalten werden kann, vor allem im Geschäftsverhältnis zu anderen Türken. Sicherlich kann man dem Geschäftspartner plausibel machen, warum der Auftrag nicht fristgerecht erledigt werden konnte (vgl. Themenbereich 3: Beziehungsorientierung). Er wird Verständnis dafür haben. Diese Antwort erklärt einen Teilaspekt der Situation, ist jedoch nicht ausreichend, um das Verhalten des Türken zu erklären.

Erläuterung zu c):
Herr Wegmann möchte bereits am Dienstag mit der Bearbeitung des Projekts beginnen, das Mittwochabend abgegeben werden

muss. Als Deutscher geht er planerisch und organisierend vor. Durch eine frühzeitige Bearbeitung der Aufgabe möchte er etwaige Probleme bei der Aufgabenstellung von vornherein mit einkalkulieren, um so den Auftrag in jedem Fall termingerecht fertigstellen zu können. Für seine türkischen Kollegen ist das wenig sinnvoll, weil ja am Mittwoch auch noch Zeit ist. Sie denken viel gegenwartsorientierter und verstehen nicht, wieso sie am Dienstag schon mit der Arbeit beginnen müssen, wo sie doch bis Mittwoch Abend Zeit haben. Dann sind sie auch gern bereit, Überstunden zu machen, wenn es die Situation erfordert, das heißt, wenn sie es tatsächlich am Mittwoch Abend nicht schaffen sollten, opfern sie ohne Murren auch ihren Feierabend und arbeiten notfalls durch. Diese Denkweise steht im krassen Gegensatz zu der von Herrn Wegmann. Er möchte pünktlich das Büro verlassen, damit er seine Freizeit noch genießen kann. Für die Türken hat (Frei-)Zeit einen geringeren Stellenwert. Diese Antwort beschreibt die Situation äußerst treffend, aber eine andere Antwort hat auch noch einen Erklärungswert für das Verhalten der Türken.

Erläuterung zu d):
In der Türkei herrscht eine viel größerer Gelassenheit, die sich auch in Bezug auf die Bearbeitung von Projekten zeigt. Man geht Projekte kurzfristiger an, weil bei langfristigen Planungen so viele, sich ständig ändernde externe Faktoren eingeplant werden müssen. Türken reagieren lieber kurzfristig auf Problemstellungen, sollte es nicht klappen, wurde wenigstens nicht zu viel Zeit in die Planung verschwendet. Ein Türke besitzt einen viel größeren Schicksalsglauben als ein Deutscher. Ein Deutscher sieht hauptsächlich sein eigenes Pflichtbewusstsein und seine Selbstdisziplin als ausschlaggebend für Erfolg oder Misserfolg einer Sache an. Ein Türke sieht sich oft nur als Spielball einer höheren Fügung – manche Dinge muss man so nehmen wie sie kommen, es ist einfach *kismet* (Schicksal).

Selbstverständlich soll das nicht heißen, dass Türken keine langfristigen Planungen machen können. Sie bevorzugen lediglich eine pragmatische Arbeitsweise, die es ihnen ermöglicht, flexibel zu sein. Diese Antwort trägt zur Erklärung der Situation bei, ist jedoch nicht allein ausschlaggebend.

◼ Lösungsstrategie

In der Türkei herrscht eine andere Art, mit dem Konstrukt Zeit umzugehen. Daran sollte man sich als Deutscher so bald wie möglich gewöhnen und sich darauf einstellen. In dieser Situation bringt es gar nichts, wenn Herr Wegmann seine Kollegen immer wieder drängt, schon eher mit der Bearbeitung zu beginnen. Sie werden es nicht tun, weil sie keinen Sinn darin sehen, etwas eher zu erledigen als unbedingt nötig. Am besten wäre es, er würde sich auf diese Denkweise einlassen können.

Kommt Herr Wegmann mit diesem Zeitumgang jedoch nicht zurecht, so bleibt ihm die Möglichkeit, mit dem Geschäftsführer zu sprechen und ihn zu bitten, den Kollegen Anweisungen zu geben, ohne ihn als Urheber zu nennen. Kommt die Anweisung zur rechtzeitigen Bearbeitung von Aufträgen von einem Hierarchiehöheren, werden die Türken alles daran setzen, dem nachzukommen. Abzuwarten bleibt, ob der türkische Geschäftsführer Herrn Wegmanns Problematik versteht und ob die türkischen Kollegen es tatsächlich schaffen, ihre sozialisierten Gewohnheiten umzustellen, oder ob es nicht einfacher wäre, Herr Wegmann würde sich an die Gegebenheiten des Landes, in dem er lebt, anpassen.

◼ Beispiel 13: Die Genehmigung

◼ Situation

Herr Steiner ist Leiter eines kleinen Verbindungsbüros einer deutschen Firma in Istanbul. Wegen eines Umzugs muss er einen neuen Telefonanschluss beantragen und geht deswegen zur Türkischen Telekom. Dort wird ihm mitgeteilt, dass an Ausländer keine Nummern vergeben werden. Bei ausländischen Firmen sei die Gefahr zu groß, dass sie auf einmal verziehen und die Telekom auf den Kosten sitzen bleibt. Herr Steiner kann es nicht fassen. Wie soll eine Firma ohne Telefon existieren? Seine Firma hat schon über 500 000 Euro investiert und nun soll sie nicht einmal eine Telefonnummer bekommen? Außerdem weiß er, dass die Türkische Telekom die Adresse des Büros über das Schatzamt herausfinden kann, auch wenn es umgezogen wäre. Der türkische Angestellte lässt nicht mit sich reden. Er könne das nicht machen. Herr Steiner ist sehr verärgert und droht dem Angestellten: »Ich werde mich bei Ihrem Vorgesetzten beschweren. Und wenn das auch nichts nützt, dann werde ich noch ganz andere Schritte einleiten . . .!« Daraufhin meint der Angestellte plötzlich: »Ja, ich kann ja mal nachsehen. Vielleicht kann ich doch eine Ausnahme machen.« Schließlich bekommt er die Telefonnummer. Herr Steiner ist sehr erstaunt. Wieso musst er erst so großen Druck machen, um eine Nummer zu bekommen? Warum hatte der Türke zu Anfangs nein gesagt? Der Deutsche bedankt sich höflich, kann aber das Verhalten des Türken überhaupt nicht verstehen.

Wie erklären Sie sich das Verhalten des türkischen Angestellten?

– Lesen Sie nun die Antwortalternativen nacheinander durch.
– Bestimmen Sie den Erklärungswert jeder Antwortalternative für die gegebene Situation und kreuzen Sie ihn auf der darunter befindlichen Skala an. Es ist möglich, dass mehrere Antwortalternativen den gleichen Erklärungswert besitzen.

■ Deutungen

a) Türkische Beamte haben ein sehr niedriges Gehalt. Deswegen ist die Arbeitsmotivation des Türken nicht besonders hoch.

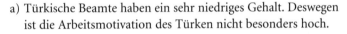

sehr zutreffend	eher zutreffend	eher nicht zutreffend	nicht zutreffend

b) Das Konzept der männlichen Ehre gebietet dem Angestellten, möglichst stark und offensiv aufzutreten. Deswegen versucht er, Herrn Steiner so lange wie möglich nicht nachzugeben.

sehr zutreffend	eher zutreffend	eher nicht zutreffend	nicht zutreffend

c) Der Mitarbeiter der Telekom möchte nicht die Verantwortung für eine etwaige unbezahlte Telefonrechnung übernehmen. Eine Beschwerde beim Vorgesetzten ist ihm jedoch noch unangenehmer. Deswegen gibt er schließlich nach.

sehr   eher   eher nicht   nicht
zutreffend   zutreffend   zutreffend   zutreffend

d) Herr Steiner ist nur der Leiter eines kleinen Verbindungsbüros. Wäre er ein Mann mit mehr Einfluss, hätte der Mitarbeiter den Telefonanschluss sicherlich schneller gewährt.

sehr   eher   eher nicht   nicht
zutreffend   zutreffend   zutreffend   zutreffend

- Versuchen Sie, Ihre Einstufung jeder Antwortalternative zu begründen. Halten Sie die Begründung in schriftlicher Form stichpunktartig fest.
- Lesen Sie nun die Erläuterungen zu jeder Antwortalternative durch und vergleichen Sie diese mit Ihren eigenen Begründungen.

■ Bedeutungen

Erläuterung zu a):

Der Verdienst eines Beamten bei der Türkischen Telekom ist tatsächlich sehr gering und das Leben in Istanbul verhältnismäßig teuer. Seine Motivation, dem reichen Deutschen Herrn Steiner den Anschluss zu gewähren, ist nicht sonderlich hoch. Schließlich verdient er dadurch keine Lira mehr, er hat nur mehr Arbeit. In der Türkei ist die Identifikation mit der eigenen beruflichen Tätigkeit nicht so stark wie in Deutschland, wo man das eigene Verhalten und die eigene Zuverlässigkeit mit großer Selbstdisziplin kontrolliert (internalisierte Kontrolle). Nur wenn der Türke mit dem Gewähren des Anschlusses einen persönlichen Gewinn erzielen könnte, würde er Herrn Steiner auf das höflichste und schnellste bedienen (vgl. Themenbereich 7: Händlermentalität). Diese Antwort erklärt das Verhalten des Türken nur zum Teil.

Erläuterung zu b):

Die Ehre eines türkischen Mannes ergibt sich in erster Linie aus der Ehre seiner Frauen. Ein ehrenvoller Mann ist der, der seine Frauen beschützen kann. Ein weiterer Punkt, wie er an Ehre ge-

winnen kann, ist es, möglichst offensiv und unnachgiebig aufzutreten. Zu einer einmal gefassten Meinung steht ein ehrenhafter
Mann (vgl. Themenbereich 1: Ehre und Ansehen). Der türkische
Mitarbeiter gibt sich alle Mühe, unnachgiebig zu sein. Dies könnte aus dem Grund der Ehrenwahrung geschehen sein, scheint in
dieser Situation aber wenig ausschlaggebend. Eine andere Erklärung erklärt die Situation besser.

Erläuterung zu c):
Für den türkischen Angestellten wäre es unangenehm, mitver-
antwortlich zu sein, falls die deutsche Firma die Telefonrechnung
tatsächlich nicht bezahlen würde. Dieses Problem will er vermeiden, indem er den Telefonanschluss überhaupt nicht gewährt. So
muss er sich nicht der Gefahr stellen, für eine Fehlentscheidung
zur Rechenschaft gezogen zu werden. Als ihm Herr Steiner jedoch droht, sich bei seinem Vorgesetzten zu beschweren, stellt das
für den Angestellten eine viel größere Gefahr dar als das vage
Risiko einer nicht bezahlten Rechnung. Für den Türken wäre es
äußerst unangenehm, von seinem Chef zur Rede gestellt zu werden (vgl. Themenbereich 4: Hierarchieorientierung). Somit entscheidet er sich schließlich für das »kleinere Übel«, die Gewährung des Anschlusses. Diese Antwort beschreibt die Situation am
besten, es spielt jedoch noch ein anderer, wichtiger Aspekt in das
Verhalten des Türken hinein.

Erläuterung zu d):
Herr Steiner ist nur der Leiter eines kleinen Verbindungsbüros
eines in der Türkei unbekannten deutschen Kleinunternehmens.
Hinter ihm steht kein großer Name, er ist kein Mann mit großem
Beziehungsnetz und hat somit keinen großen Einfluss. In der
Türkei werden Regeln äußerst flexibel an die jeweilige Situation
oder Person angepasst. Die Regel für Herrn Steiner lautet, es gebe
keine Anschlüsse für ausländische Firmen. Würde ein Vertreter
eines großen namhaften deutschen Automobilherstellers, einer
Bank oder eines anderen Unternehmens vor dem Telekom-Mit-
arbeiter sitzen, würde diese Regel mit Sicherheit nicht existieren.
Diese Antwort liefert ebenfalls einen wichtigen Beitrag zur Erklärung der Situation, ist aber als alleinige Erklärung nicht ausreichend.

■ Lösungsstrategie

In der Situation hat sich Herr Steiner ganz richtig verhalten, indem er das Problem, das ihm der Beamte durch die Verweigerung des Anschlusses gemacht hat, dadurch zu lösen sucht, dass er ihm im Gegenzug ein noch größeres Problem bereitet: nämlich die Beschwerde beim Vorgesetzten. Wichtig ist hierbei, dass Herr Steiner nicht die Fassung verliert und den Konflikt nicht eskalieren lässt. Nur so ist es dem Türken möglich, seine Meinung zu ändern, ohne einen Gesichtsverlust zu erleiden.

Im Allgemeinen sollte man gegenüber türkischen Beamten immer bestimmt und selbstsicher auftreten, jedoch wissen, bis wohin man gehen kann. Ein gewisses Maß an Aggressivität kann nicht schaden, ansonsten wird man nicht ernst genommen. Dies gilt vor allem für Frauen, die am besten einen Mann schicken oder mitnehmen, wenn sie ein wichtiges Anliegen haben. Wichtig ist nur, das richtige Maß an Offensivität auszustrahlen, um auf keinen Fall die Ehre des Angestellten zu verletzen. Im Idealfall kennt man in der betreffenden Behörde jemanden, der das entsprechende Anliegen für einen erledigt, oder aber man hat einflussreiche Bekannte, die Anfragen, die sonst ewig dauern könnten, allein durch einen Telefonanruf klären.

Häufig ist in der türkischen Bürokratie eine fehlende Professionalität zu beobachten. Das liegt zum einen daran, das oftmals Leute eingestellt werden, die nicht über die entsprechenden fachlichen Qualifikationen, jedoch über gute Beziehungen zu der einstellenden Person verfügen. Zum anderen sind türkischen Beamte aufgrund der Belohnungspolitik des türkischen Staates – die nicht existiert – nur sehr wenig motiviert, gute Leistungen zu erbringen. Man wird in der Türkei bei Behördengängen immer wieder mit ähnlichen Situationen konfrontiert werden, wogegen man im Prinzip sehr wenig tun kann. Dies passiert jedoch nicht nur Ausländern, sondern auch Türken.

■ Kulturelle Verankerung von »Relativismus von Regeln und Zeit«

Die Bedeutung von Regeln und Zeit ist in der türkischen Kultur relativ. Regeln haben demnach keinen absoluten Status, sondern werden der augenblicklichen Situation angepasst. Neuen ungewohnten Situationen wird mit großer Gelassenheit begegnet. Selbst unter zunächst schwierig erscheinenden Umständen legt der Türke ein sehr großes Improvisationstalent an den Tag und weiß sich zu helfen. Auch dem Konstrukt Zeit wird eine eher geringe Bedeutung beigemessen und Terminvereinbarungen werden häufig lediglich als grobe Richtschnur betrachtet.

■ Kein absoluter Status von Regeln

Die unterschiedliche Empfindsamkeit gegenüber Regeln hängt damit zusammen, dass die Regeln des interpersonalen Verkehrs (Verpflichtungen, Einhaltung von Terminen usw.) in der Türkei wenig restriktiv empfunden werden. Gesetze und Erlasse scheinen nach Belieben auslegbar, Rechtsansprüchen wohnt oft keine Kraft zur Durchsetzung inne und offizielle Wege erweisen sich als unbegehbar. Vor allem im Umgang mit Behörden empfiehlt es sich, viel Geduld an den Tag zu legen. Sie führen ein eigenes Regelleben, in dem Vorschriften nach persönlichem Gutdünken ausgelegt werden. Das liegt zum einen an der schlechten Ausbildung und Bezahlung vieler türkischer Beamter als auch am Status der Person, die auf einer Behörde um etwas ersucht. Für eine ranghöhere Person kann eine Regel ganz anders ausgelegt werden als für jemanden, der in der Hierarchie ganz unten steht. Ihr wird weniger Achtung entgegengebracht (vgl. Themenbereich 4: Hierarchieorientierung).

Demzufolge sind Bestechung *(rüşvet)* und Bakschisch *(bahşış)* an der Tagesordnung. Somit ist auch klar, warum Beziehungen für einen Türken von so großer Bedeutung sind. Kennt man eine einflussreiche Person in einer Behörde, gestalten sich Verwaltungsabläufe um Einiges unkomplizierter. Usus ist es, jemanden mit hohem Einfluss um die Abwicklung behördlicher Vorgänge zu bitten (vgl. Themenbereich 3: Beziehungsorientierung). Auch bei einem Verkehrsvergehen lässt sich die Strafe allein durch den eigenen Status oder auch durch entsprechendes Verhalten gegenüber dem Polizisten reduzieren oder gar abwenden: Hier »zieht man den Kopf ein und legt ihn schief [...] und klärt die Angelegenheit bei ein paar Zigaretten oder Tee« (Alanyali, 2004, S. 34). Dadurch verhält sich der Verkehrssünder dem Polizisten gegenüber unterwürfig und signalisiert, dass er seine Macht anerkennt. Wie alle türkischen Uniformträger erwarten Polizisten vor allem die Bewunderung ihrer Macht (vgl. Themenbereich 4: Hierarchieorientierung) und sind durchaus zu Verhandlungen bereit, wenn man diese anerkennt. Ebenso wird es zu einer Abwendung der Strafe kommen, wenn es sich um eine Person handelt, die in der Hierarchie sehr weit oben steht. So steht zum Beispiel ein Minister oder Parlamentsangehöriger in jedem Fall über einem Polizisten und braucht keine Strafe zu fürchten. Allgemein ist es im Straßenverkehr üblich, sich nur dort an Regeln zu halten, wo es unbedingt notwendig ist. Eine rote Ampel an sich ist kein Grund zum Halten. Wenn es die Situation erlaubt, kann man die Vorschrift »Bei Rot halten« ohne Weiteres missachten. Durch die so entstehende Willkürlichkeit von Regeln und Gesetzen entsteht aber nicht nur Ungerechtigkeit, sondern auch Flexibilität. Persönliche Anliegen, die den Verantwortlichen überzeugen, setzen jede Regel außer Kraft. Er wird nach seinem persönlichem Mitempfinden entscheiden und die Person über die Sache – in dem Fall die Regel – stellen (vgl. Themenbereich 3: Beziehungsorientierung). In der Türkei gibt es nichts, was unmöglich ist. Kann man den entsprechenden Einfluss geltend machen kann, wird einem jeder Wunsch ermöglicht – auch wenn damit gegen alle geltenden türkischen Gesetze verstoßen wird.

■ Gelassenheit und Improvisationstalent

Aus dieser Instabilität von Regeln und Gesetzen ergibt sich in der türkischen Gesellschaft eine große Gelassenheit gegenüber neuen und ungewohnten Situationen. Man hat es eben einfach nicht in der Hand, gewisse Gegebenheiten und Dinge zu beeinflussen und trotz bestehender Regeln ist es oft unvorhersehbar, wie die Dinge tatsächlich laufen. Somit können auch Situationen, die bei einem Deutschen große Bestürzung auslösen, einen Türken nicht aus der Ruhe bringen. Er reagiert darauf mit großem Improvisationstalent, dass er sich aufgrund der Unvorhersehbarkeit der Ereignisse angeeignet hat. Da man sowieso nicht genau weiß, was kommen wird, plant oder reagiert man lieber kurzfristig. Sicherheiten und Garantien erwartet man nicht. Die Gelassenheit eines Türken beruht unter anderem auch auf dem Wissen, dass er Teil einer größeren Gemeinschaft ist, die – egal was auch passiert – jederzeit für ihn eintritt und ihm zur Seite steht (vgl. Themenbereich 2: Mitmenschlichkeit). Offensichtlich wird die türkische Gelassenheit wiederum in der Sprache. Am auffälligsten ist die Redewendung »İnşallah« (»Wenn es Gott gefällt«), die im türkischen Alltag fast alle in die Zukunft gerichteten Äußerungen begleitet. Alles Kommende ist fragwürdig. Mit Tatsachen lässt sich nicht rechnen. In letzter Instanz entscheidet nur Gott über den Ablauf der Zukunft.

■ Geringe Bedeutung von Zeit

Aus der geringen Bedeutung von Zeit folgt, dass Türken meist zu gelassen sind, um einen strengen Zeitplan einzuhalten. Terminvereinbarungen werden häufig als grobe Richtschnur angesehen, man hat einfach keine Lust, sich in ein vorgegebenes Korsett hineinzuzwängen. Das steht in engem Zusammenhang mit der Arbeitshaltung vieler Türken, die nicht zu »Sklaven der Arbeit« werden wollen. Für sie ist es wichtig, dass soziale Beziehungsnetz auch während der Arbeit zu pflegen. Lieber macht man während der Arbeitszeit mehrere Pausen, in denen man mit den Kollegen plaudert, und bleibt abends länger, als dass man seine Aufgaben stringent abarbeitet. Auch beim Aufbau von Beziehungen macht sich die geringe Bedeutung von Zeit bemerkbar. Viel wichtiger ist eine gute Beziehung zu seinen Mitmenschen; Zeit hat man, sie kostet nichts (vgl. Themenbereich 3: Beziehungsorientierung). Ein Deutscher sollte deswegen auch nicht erstaunt sein, wenn seine türkischen Gäste zu einer Einladung später als vereinbart erscheinen. Das hat nichts mit fehlender persönlicher Wertschätzung zu tun – das Konzept Zeit wird nur einfach nicht so wichtig genommen. Im Arbeitsalltag zeichnen sich Türken im Allgemeinen durch Pünktlichkeit aus, dennoch kann es immer wieder vorkommen, dass man zu Terminen später kommt. Dies lässt aufgrund der wachsenden Globalisierung und dem damit einhergehenden Kontakt zu ausländischen Geschäftspartnern nach und ist eher von der Firmenkultur geprägt.

Für die Relativität von Regeln und Zeit sind verschiedene historische und religiöse Umstände verantwortlich. Das Reiter- und Heeresvolk der Türken war stets darauf angewiesen, länger durchhalten zu können als seine Feinde. Oberstes Lebensgesetz jedes Nomaden ist es, durch die schlechten, trockenen Zeiten und alle anderen Unglücksfälle, die Menschen und Herden befallen, durchhalten zu können. Wenn er nur durchhalten kann, so wird die Zeit Hilfe bringen. Ein Nomade erlebt viele Male den Wechsel des Glücks sehr direkt am eigenen Leibe. Zudem war die Stammesform so organisiert, dass der *bey*, also der Stammesführer, nur in Erscheinung trat, wenn es Rechtsstreitigkeiten oder militärische Auseinandersetzungen gab. Bei dieser relativ unabhängigen Lebensweise wurden folglich viele Regeln selbst geschaffen oder geltende Regeln in modifizierter Form angewendet. Das Konstrukt Zeit hat ebenfalls keine große Bedeutung für einen Nomaden. Auch bei den sesshaft gewordenen Türken, die sich durch Agrarwirtschaft ernährten, war es nicht wichtig, ob sie zum Beispiel ihre Schafe um acht oder halb neun auf die Weide brachten. Der Wandel von der Agrar- zur Industriegesellschaft findet in der türkischen Gesellschaft gerade statt und die Reminiszenzen des Agrarlandes sind immer noch spürbar.

Wie bereits angedeutet, hat selbstverständlich auch der Islam einen entscheidenden Einfluss auf das vorherrschende Zeit- und Regelverständnis. Das sechste Glaubensprinzip des Islam ist der Glaube an die Vorherbestimmung. Selbst wenn dieses Glaubensprinzip nicht direkt aus dem Koran ableitbar und durchaus umstritten ist, so ist der Schicksalsglaube doch äußerst typisch für den gesamten Orient und damit auch für die Türkei. Das islamische Zeit- und Raumverständnis basiert auf göttlicher Vorsehung, nach der alles von Allah gewusst und vorherbestimmt ist. Des Menschen Glück und Unglück liegt demnach allein in der Hand Gottes und deshalb macht es keinen Sinn, dagegen aufzubegehren. Dies mündet in einen fast fatalistischen Schicksalsglauben, in einen Glauben an die absolute Determiniertheit aller Vorgänge durch Allah. Die große Bedeutung des *kismet* (das von Allah gegebene Schicksal) ermöglicht Moslems einen viel gelasseneren Umgang mit Rückschlägen, als dies für einen Deutschen möglich ist. Zudem trat der osmanische Staat seinem Bürger als korrupter Beamter oder willkürlicher Steuereintreiber gegenüber, dem man sich so weit wie möglich zu entziehen versuchte. Nur durch die Modifizierung oder Umschiffung von Regeln war ein Überleben in der Gesellschaft möglich. Außerdem zeichnete sich die osmanische Gesellschaft durch zeitliche Offenheit aus. Während Sitzungen war man nicht die ganze Zeit anwesend, sondern erschien zu einem bestimmten Zeitpunkt nach dem Beginn der Sitzung und verließ die Veranstaltung häufig bereits vor dem Ende. So herrschte ein ständiges Kommen und Gehen.

Da nun in der türkischen Gesellschaft die meisten Dinge unvorhersehbar sind und der Wille Allahs einzig und allein für den Verlauf des Lebens verantwortlich ist, haben die Türken einen Aberglauben entwickelt, der ihnen zumindest teilweise eine Möglichkeit zur Strukturierung des Lebens bietet. Es gibt Hunderte von Symbolen, denen ein Türke eine zukunftsweisende Bedeutung beimisst. Zum Beispiel bedeutet eine Eule auf dem Dach den baldigen Tod eines Hausbewohners oder aber ein Schweigen in der Gesprächsrunde die baldige Geburt eines Mädchens. So ist es dem Türken möglich, eine Art von Kontrolle über sein Leben zu behalten.

■ Themenbereich 6: Indirekte Kommunikation

■ Beispiel 14: Der Schuhkauf

■ Situation

Frau Sternberg macht ein viermonatiges Praktikum in Ankara. Das Wetter ist sehr regnerisch und weil sie nicht die passenden Schuhe dabei hat, möchte sie sich wasserdichte Stiefel kaufen. Da sie nicht weiß, in welches Geschäft man dafür am besten gehen sollte, beschließt sie, sich an befreundete Mitarbeiter der Praktikumsorganisation, die sie vermittelt hat, zu wenden. Auf ihre Frage, wo sie wasserabweisende Schuhe kaufen könne, bekommt sie von einem etwa gleichaltrigen Mitarbeiter die Antwort: »Ja, da gibt es schon ein paar Geschäfte in der 7. Straße. Da kann ja dann einer von uns mal mitgehen.« Danach wendet er sich einem anderen Mitarbeiter der Organisation zu, der neben ihm steht. Frau Sternberg, die wegen ihrer alten Schuhe schon seit Tagen nasse Füße hat, möchte die Schuhe aber möglichst bald kaufen. Deswegen hakt sie noch einmal nach: »Hat denn jemand von euch Zeit, jetzt mit mir in ein Geschäft zu gehen? Es ist wirklich dringend. Ihr seht ja selbst, wie schlecht das Wetter ist und meine alten Schuhe sind echt nicht mehr gut.« Die Türken lächeln freundlich und bejahen, doch keiner bietet ihr an mitzugehen, sondern sie wechseln erneut das Gesprächsthema. Frau Sternberg möchte nicht aufdringlich sein und beschließt, sich allein nach einem geeigneten Geschäft umzusehen. Sie versteht jedoch nicht, warum ihr die Türken zwar anbieten zu helfen, es dann aber nicht tun.

Wie erklären Sie sich, das die Türken Frau Sternberg nicht helfen?

– Lesen Sie nun die Antwortalternativen nacheinander durch.

– Bestimmen Sie den Erklärungswert jeder Antwortalternative
für die gegebene Situation und kreuzen Sie ihn auf der darunter befindlichen Skala an. Es ist möglich, dass mehrere Antwortalternativen den gleichen Erklärungswert besitzen.

■ Deutungen

a) Keiner der Türken hat Zeit, um mit Frau Sternberg die Schuhe
kaufen zu gehen. In der Türkei ist es üblich, Ablehnungen
durch positive, aber unbestimmte Antworten auszudrücken.

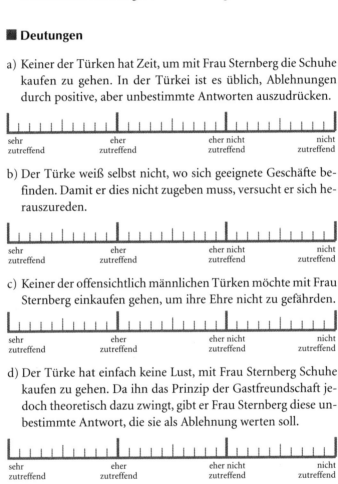

b) Der Türke weiß selbst nicht, wo sich geeignete Geschäfte befinden. Damit er dies nicht zugeben muss, versucht er sich he-
rauszureden.

c) Keiner der offensichtlich männlichen Türken möchte mit Frau
Sternberg einkaufen gehen, um ihre Ehre nicht zu gefährden.

d) Der Türke hat einfach keine Lust, mit Frau Sternberg Schuhe
kaufen zu gehen. Da ihn das Prinzip der Gastfreundschaft jedoch theoretisch dazu zwingt, gibt er Frau Sternberg diese unbestimmte Antwort, die sie als Ablehnung werten soll.

– Versuchen Sie, Ihre Einstufung jeder Antwortalternative zu
begründen. Halten Sie die Begründung in schriftlicher Form
stichpunktartig fest.

– Lesen Sie nun die Erläuterungen zu jeder Antwortalternative durch und vergleichen Sie diese mit Ihren eigenen Begründungen.

▦ Bedeutungen

Erläuterung zu a):
Frau Sternberg geht zu der Praktikumsorganisation, ohne sich vorher anzumelden. Es kann tatsächlich sein, dass keiner der Mitarbeiter Zeit hat, um mit ihr zum Kaufen der Schuhe zu gehen. Als Deutsche würde sie erwarten, dass ihr das direkt mitgeteilt würde. Keiner der Türken möchte sie jedoch vor den Kopf stoßen, da es in der Türkei als äußerst unhöflich erachtet wird, jemandem ein direktes »Nein« ins Gesicht zu sagen. Das kommt einer Beleidigung und einer persönlichen Ablehnung der fragenden Person gleich. Deswegen versuchen Türken solche Antworten möglichst selten zu geben und weichen lieber auf positive, aber unbestimmte Antworten aus. Diese Antwort erklärt die Situation sehr treffend, ist jedoch nicht allein für das Verhalten der Türken verantwortlich.

Erläuterung zu b):
Türken geben äußerst ungern zu, etwas nicht zu wissen, weil sie dadurch einen Gesichtsverlust riskieren (vgl. Themenbereich 1: Ehre und Ansehen). Es könnte sein, dass der türkische Mitarbeiter sich durch die unbestimmte Antwort herausreden möchte. Dies erscheint jedoch sehr unwahrscheinlich, wenn man bedenkt, dass der Türke ortsansässig ist. Eine andere Antwort kann die Situation besser beschreiben.

Erläuterung zu c):
In der Türkei ist die Geschlechtertrennung zwischen sich unbekannten, nicht (nah) verwandten Personen sehr streng. Die Ehre einer Frau ist ihr höchstes Gut, das es zu schützen gilt. Ein Türke, der eine allein stehende, junge Frau zum Einkaufen begleitet, riskiert ihren Ehrverlust und damit auch den seinigen (vgl. Themenbereich 1: Ehre und Ansehen). In der vorliegenden Situation könnte dieser Faktor tatsächlich eine Rolle spielen, warum nie-

111

mand mit Frau Sternberg zum Einkaufen gehen möchte. Es ist aber eher unplausibel, weil die Mitarbeiter der Praktikumsorganisation ständig mit jungen, alleinstehenden Frauen zu tun haben und sich zum größten Teil selbst schon im westlichen Ausland befunden haben und damit ein gemäßigteres Ehrkonzept in sich tragen. Außerdem wird das Prinzip der Geschlechtertrennung in der Regel für Ausländer durchbrochen. Die Gewährleistung der Gastfreundschaft (Themenbereich 2: Mitmenschlichkeit) ist wichtiger.

Erläuterung zu d):

Das Wetter ist sehr regnerisch – der Türke hat vielleicht tatsächlich keine Lust, mit Frau Sternberg einkaufen zu gehen. Ein direktes Nein zu äußern wäre sehr unhöflich, noch dazu gegenüber einem Ausländer. Das Konstrukt Gastfreundschaft verpflichtet den Türken eigentlich dazu, Frau Sternberg zu helfen. Somit entscheidet er sich für eine kommunikative Zwischenlösung, indem er auf eine indirekte Art zwar Gastfreundschaft zeigt (indem er ihr eine grundsätzliche Bereitschaft zur Hilfe erklärt), aber dadurch gleichzeitig eine Absage vermittelt. Dieses Verhalten ermöglicht es ihm, keines seiner Prinzipien zu verletzen. Für ihn ist das eine ganz normale Art von Höflichkeit und Anstand. Diese Erklärung ist neben Erklärung c) für das Verhalten des Türken ausschlaggebend.

■ Lösungsstrategie

In dieser Situation ist es am besten, sich für das Angebot höflich zu bedanken, jedoch nicht weiter nachzuhaken, um so den Türken nicht noch mehr in Verlegenheit zu bringen. Er kann oder will in der vorliegenden Situation nicht helfen und versucht dies Frau Sternberg auf eine höfliche Art und Weise klar zu machen. Wenn sie noch weiter in ihn dringen würde, könnte er sich irgendwann nicht mehr in indirekte Kommunikation flüchten, was für ihn eine Bedrohung der interpersonellen Harmonie darstellen würde, die er tunlichst vermeiden möchte. Deswegen wäre es das Beste, Frau Sternberg spricht einfach jemanden auf der Straße an – am besten eine Frau – und erkundigt sich bei ihr nach einem Schuhgeschäft. Dieses kann sie dann zu Fuß oder – falls sie die Adresse nicht kennt – per Taxi aufsuchen und sich selbst um den Kauf der Schuhe kümmern.

Generell empfiehlt es sich in der Türkei, »zwischen den Zeilen« zu lesen und nonverbalen Botschaften Beachtung zu schenken. Dies ist besonders für einen Deutschen nicht einfach, da er explizite Aussagen gewohnt ist, die ehrlich und aufrichtig ausdrücken, was gesagt werden will. Der Fokus ist rein auf die Sachebene gerichtet und es kommt lediglich auf den Inhalt des Gesagten an. Muss man eine Bitte abschlagen, wird dies ohne Umschweife und Umwege getan. So ist es möglich, dass ein Deutscher die ablehnende Haltung eines Türken gar nicht als ablehnend erfasst. Mit dem Hintergrundwissen, dass Bitten nur äußerst ungern abgeschlagen werden, sollte man die Reaktion eines Türken auf ein Anliegen genau beobachten. Unternimmt der türkische Interaktionspartner nicht von sich aus Schritte, um die Hilfe einzuleiten, so ist davon auszugehen, dass er – aus welchen Gründen auch immer – nicht willens ist, die Hilfe tatsächlich zu leisten. Dies sollte von Deutschen akzeptiert und nicht als Böswilligkeit interpretiert werden.

■ Beispiel 15: Die Hand auf der Schulter

■ Situation

Herr Klein arbeitet als Diplomand bei einem großen deutschen Automobilhersteller in der Türkei. Eines Nachmittags hat er mit seinem türkischen Vorgesetzten eine Besprechung. Im Verlauf des Gesprächs legt ihm der Chef die Hand auf die Schulter. Herr Klein fühlt sich unwohl und erwartet, dass er sie nach kurzer Zeit wieder wegnehmen wird. Sein Vorgesetzter macht jedoch keinerlei Anstalten dazu. Herrn Klein ist diese körperliche Nähe zu seinem Vorgesetzten sehr unangenehm. Am liebsten würde er den Arm wegziehen. Da er aber nicht unhöflich sein möchte, verhält er sich ruhig. Als während der Besprechung schließlich das Telefon klingelt, atmet Herr Klein innerlich auf. Nun wird der Türke sicherlich die Hand von seiner Schulter nehmen. Dieser lässt sie jedoch während des gesamten Telefongesprächs auf Herrn Kleins

Schulter liegen und nimmt sie erst nach geraumer Zeit weg. Herr Klein ist über dieses Verhalten sehr verwundert und kann sich keinen so rechten Reim darauf machen.

Wie erklären Sie sich das Verhalten des türkischen Chefs?

– Lesen Sie nun die Antwortalternativen nacheinander durch.

– Bestimmen Sie den Erklärungswert jeder Antwortalternative für die gegebene Situation und kreuzen Sie ihn auf der darunter befindlichen Skala an. Es ist möglich, dass mehrere Antwortalternativen den gleichen Erklärungswert besitzen.

■ Deutungen

a) In der Türkei wird Berufliches und Privates viel stärker vermischt als in Deutschland. Der Chef drückt durch die Geste aus, dass Herr Klein nicht nur ein Mitarbeiter ist.

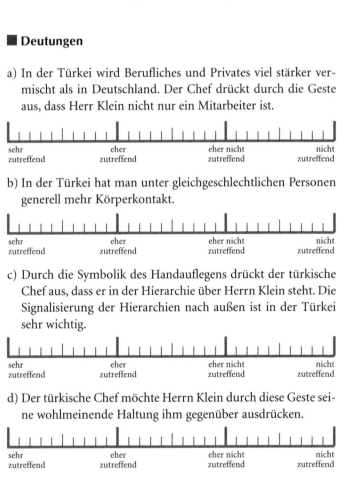

| sehr zutreffend | eher zutreffend | eher nicht zutreffend | nicht zutreffend |

b) In der Türkei hat man unter gleichgeschlechtlichen Personen generell mehr Körperkontakt.

| sehr zutreffend | eher zutreffend | eher nicht zutreffend | nicht zutreffend |

c) Durch die Symbolik des Handauflegens drückt der türkische Chef aus, dass er in der Hierarchie über Herrn Klein steht. Die Signalisierung der Hierarchien nach außen ist in der Türkei sehr wichtig.

| sehr zutreffend | eher zutreffend | eher nicht zutreffend | nicht zutreffend |

d) Der türkische Chef möchte Herrn Klein durch diese Geste seine wohlmeinende Haltung ihm gegenüber ausdrücken.

| sehr zutreffend | eher zutreffend | eher nicht zutreffend | nicht zutreffend |

- Versuchen Sie, Ihre Einstufung jeder Antwortalternative zu begründen. Halten Sie die Begründung in schriftlicher Form stichpunktartig fest.
- Lesen Sie nun die Erläuterungen zu jeder Antwortalternative durch und vergleichen Sie diese mit Ihren eigenen Begründungen.

■ Bedeutungen

Erläuterung zu a):

In der Türkei ist eine starke Vermischung von Beruflichem und Privatem zu beobachten. Dies zeigt sich zum Beispiel im Bereich der gemeinsamen Freizeitgestaltung zwischen Arbeitskollegen (vgl. Themenbereich 3: Beziehungsorientierung). Dass der Chef Herrn Klein während der Besprechung die Hand auf die Schulter legt, könnte die bloße Konsequenz aus diesem Kulturstandard sein. Die Verknüpfung von Berufs- und Privatleben zeigt sich nicht nur in der gemeinsamen Freizeitgestaltung, sondern auch im Ausdruck körperlicher Zuwendung, die man als Deutscher nur mit Personen des Privatlebens ausdrücken würde. Diese Antwort besitzt für die vorliegende Situation einen Erklärungswert, ist jedoch nicht hauptverantwortlich für das Verhalten des Türken.

Erläuterung zu b):

Sympathie wird in der Türkei nicht nur verbal oder mimisch, sondern auch durch körperliche Nähe ausgedrückt. Es ist unter Männern nicht ungewöhnlich, sich freundschaftlich zu umarmen, sich die Hand zu halten oder dem anderen die Hand auf die Schulter zu legen. Für einen türkischen Mann ist das eine ganz normale Art und Weise, seine Verbundenheit mit der betreffenden Person auszudrücken (vgl. Themenbereich 2: Mitmenschlichkeit). Für einen Deutschen ist es unvorstellbar, dass sein Chef, der dem Berufsleben zuzuordnen ist, ihn mit dieser privaten Geste konfrontiert. Dies würde er nur mit sehr guten Freunden tun, die ihm persönlich nahe stehen. In der türkischen Kultur ist die Geste des Chefs freundschaftlich-kollegial gemeint. Diese Antwort ist vollkommen zutreffend, aber nicht allein verantwortlich für das Verhalten des Chefs.

Erläuterung zu c):
Hierarchien nach außen hin klarzumachen, ist in der Türkei sehr wichtig (vgl. Themenbereich 4: Hierarchieorientierung). Dies geschieht vor allem durch Statussymbole oder aber durch entsprechendes Verhalten gegenüber rangniedrigeren Personen. Die Geste des Handauflegens gehört jedoch nicht dazu. Sie möchte Herrn Klein nicht vermitteln, dass er in der Hierarchie unter seinem Chef steht. Diese Antwort ist deswegen nicht zutreffend.

Erläuterung zu d):
In der Türkei spielen Hierarchien eine große Rolle. Dazu gehört, dass ein türkischer Vorgesetzter als eine Art »Vater« betrachtet wird, der sich der Sorgen und Probleme seiner »Kinder« annimmt, jedoch auch unbedingten Gehorsam dafür verlangt (vgl. Themenbereich 4: Hierarchieorientierung). In der vorliegenden Situation drückt der türkische Chef seinen Status in der väterlich-patriarchalischen Geste des Hand-auf-die-Schulter-Legens aus. Er signalisiert damit, dass Herr Klein bei ihm in guten Händen ist, dass er ihm vertrauen kann und dass er als Chef ihm wohlgesonnen ist. Diese Antwort beschreibt die Situation zusammen mit Erklärung b) am besten.

■ Lösungsstrategie

In einer solchen Situation wäre es fatal, wenn Herr Klein seine Schulter unter der Hand des Chefs wegziehen würde. Dies würde dem Vorgesetzten signalisieren, dass er keinen Wert auf seine Freundschaft legt und mit ihm keine Beziehung eingehen möchte. Damit würde er ihn enorm in seiner Ehre verletzen. Außerdem ist es in der Türkei undenkbar, sich gegen die Anweisungen oder Wünsche des Chefs zu stellen. Der Chef steht in der Hierarchie weiter oben und kann es sich deswegen leisten, Herrn Klein die Hand auf die Schulter zu legen, auch wenn es diesem unangenehm ist.

Am besten, der Diplomand gewöhnt sich ganz schnell an den intensiveren Körperkontakt zwischen Männern. Damit wird er des Öfteren konfrontiert werden. Dabei unterscheiden Türken nicht – wie Deutsche – wie nahe oder fern sie ihrem Gegenüber stehen. Bloße Sympathie reicht aus, sich gegenseitig zu berühren. Die Berührung soll die Sympathie symbolisieren. Herr Klein kann sich also über die Geste des Chefs freuen. Schließlich zeigt sie ihm auch, dass er einen treuen Verbündeten hinter sich weiß, auf den er sich in schwierigen Situationen hundertprozentig verlassen können wird. Das ist viel wert in einem Land, in dem Beziehungen entscheidend sein können.

In der Türkei gibt es im Allgemeinen viele Situationen, in denen nonverbale Signale von großer Bedeutung sind. Der jeweilige Kontext kann bei der Bedeutungsinterpretation des Gesagten entscheidend sein. Türken verleihen ihrer Botschaft gern Ausdruck, indem sie sie mimisch oder gestisch veranschaulichen. So bedeutet ein Hochziehen der Augenbrauen, das In-den-Nacken-Legen des Kopfes und ein gleichzeitiges Schnalzen mit der Zunge ein »Nein«, was es dem Türken erspart, ein verbales »Nein« äußern zu müssen.

■ Beispiel 16: Das Lob

■ Situation

Frau Gruber ist Abteilungsleiterin eines Labors bei einem großen deutschen Unternehmen in der Türkei. Eines Tages bedankt sie sich nach einer besonders stressigen Woche bei ihren Angestellten für die gute Arbeit. Die Mitarbeiter sehen sie fragend an. Viele gehen irritiert davon. Frau Gruber kann nicht verstehen, dass sie sich nicht über das Lob freuen. Statt sich zu bedanken, versuchen sie so schnell wie möglich zu verschwinden.

Wie erklären Sie sich die Reaktion der Türken auf das Lob?

– Lesen Sie nun die Antwortalternativen nacheinander durch.
– Bestimmen Sie den Erklärungswert jeder Antwortalternative für die gegebene Situation und kreuzen Sie ihn auf der darunter befindlichen Skala an. Es ist möglich, dass mehrere Antwortalternativen den gleichen Erklärungswert besitzen.

■ Deutungen

a) Für einen türkischen Mann ist es selbstverständlich, für seinen Vorgesetzten die beste Leistung zu erbringen. Es verletzt seine männliche Ehre, wenn er dafür extra gelobt wird.

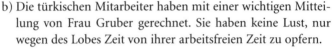

| sehr zutreffend | eher zutreffend | eher nicht zutreffend | nicht zutreffend |

b) Die türkischen Mitarbeiter haben mit einer wichtigen Mitteilung von Frau Gruber gerechnet. Sie haben keine Lust, nur wegen des Lobes Zeit von ihrer arbeitsfreien Zeit zu opfern.

| sehr zutreffend | eher zutreffend | eher nicht zutreffend | nicht zutreffend |

c) In der Türkei ist es nicht üblich, von Vorgesetzten verbal gelobt zu werden. Deswegen waren die Mitarbeiter von Frau Grubers Lob irritiert.

| sehr zutreffend | eher zutreffend | eher nicht zutreffend | nicht zutreffend |

d) Lob anzunehmen, würde indirekt Eigenlob bedeuten. Die Türken möchten nicht arrogant erscheinen und sagen deswegen gar nichts.

| sehr zutreffend | eher zutreffend | eher nicht zutreffend | nicht zutreffend |

– Versuchen Sie, Ihre Einstufung jeder Antwortalternative zu begründen. Halten Sie die Begründung in schriftlicher Form stichpunktartig fest.

– Lesen Sie nun die Erläuterungen zu jeder Antwortalternative durch und vergleichen Sie diese mit Ihren eigenen Begründungen.

■ Bedeutungen

Erläuterung zu a):

Türkische Mitarbeiter haben ein sehr paternales und in diesem Fall maternales Verhältnis zu ihrem Vorgesetzten. Der Chef kümmert sich um die Belange der Mitarbeiter, dafür bekommt er von seinen Mitarbeitern unbedingten Gehorsam und die best möglichste Leistung. Dass in dieser Situation das Lob die männliche Ehre gefährdet, erscheint nicht sinnvoll, da im Gegenteil Lob von einer hierarchiehöheren Person Ehre und Ansehen vergrößern müsste. Warum das in diesem Fall aber nicht so ist, erklärt eine andere Antwort.

Erläuterung zu b):

Die türkischen Angestellten haben eine sehr anstrengende Arbeitswoche hinter sich. Am Ende dieser Woche möchten sie nur noch schnell nach Hause und ihre freie Zeit mit Familie und Freunden genießen. Diese Erklärung beschreibt das Verhalten der Türken nicht. Ihnen ist es nicht so wichtig, pünktlich nach Hause zu kommen, schon gar nicht, wenn die Chefin zu ihnen sprechen will (vgl. Themenbereich 5: Relativismus von Regeln und Zeit). Nach einer langen Arbeitswoche tauscht man sich für gewöhnlich sowieso aus und redet nach Dienstschluss noch miteinander (vgl. Themenbereich 3: Beziehungsorientierung).

Erläuterung zu c):

Die türkischen Mitarbeiter sind über Frau Grubers Lob irritiert, weil sie es tatsächlich nicht gewohnt sind, von Vorgesetzten verbales Lob zu erhalten. Türkische Chefs entsprechen wie bereits erwähnt dem Typus »strenger Vater«. Ein altes osmanisches Sprichwort lautet: »Der Stock entstammt dem Paradies.« Danach richtet sich auch ein türkischer Chef, indem er viel Kritik und Strenge an den Tag legt, aber fast nie ein Lob ausspricht. Türkische Angestellte erwarten dies auch nicht. In der türkischen Gesellschaft gilt es als unhöflich und kindisch, für seine Handlungen Lob zu erwarten. Es ist selbstverständlich, dass man von seinem Vorgesetzten auf Fehler aufmerksam gemacht wird, mit verbalem Lob rechnet man jedoch nicht. Für gute Arbeit, die man geleistet hat, erwartet man anstatt des Lobes eher andere Zuwendungen (z. B. Gehaltserhöhung, Einladung zum Essen, Prämienzahlung, gemeinsamer Betriebsausflug o. Ä.). Diese Antwort erklärt das Verhalten der Türken zum größten Teil.

Erläuterung zu d):
Das Prinzip des Sich-Bedankens an sich ist in der Türkei eine komplizierte Handlung. In der Öffentlichkeit gelobte Personen reagieren darauf meistens zurückhaltend und mit Scham. Sie versuchen möglichst wenig dazu zu sagen, weil sie sich sonst der Gefahr aussetzen arrogant zu erscheinen. Würde die gelobte Person auf das Lob so reagieren, dass sie das Lob verdient habe, könnte ihr das als Eigenlob ausgelegt werden. Wenn überhaupt reagiert man auf Lob mit nonverbaler Kommunikation, zum Beispiel mit Augen, Augenbrauen oder Mundwinkeln; generell aber eher gar nicht. Dies gilt auch für andere Gefälligkeiten, die man einem Türken tut. Um seinen Gegenüber nicht zu beschämen, wird er kein großartiges Danke hören lassen, sondern vielleicht nur ein Lächeln oder eine Hand auf die Schulter (vgl. Themenbereich 1: Ehre und Ansehen).

■ **Lösungsstrategie**

In dieser Situation sollte die Abteilungsleiterin daran denken, dass sich die Türken sehr wohl über die ihnen entgegengebrachte Anerkennung freuen, jedoch das verbale Lob nicht das richtige ist. Es wäre eine nette Geste, wenn sie alle zu einem gemeinsamen Betriebsausflug einladen würde. Darüber würden sich sicherlich alle Mitarbeiter freuen und es als Ausdruck ihres Dankes verstehen. Nur so kann sie ihren Angestellten erklären, dass sie zufrieden mit ihnen ist. Eine verbale Äußerung überfordert sie. Für deutsche Angestellte wäre es die richtige Vorgehensweise, da diese es gewohnt sind, Aussagen ihrer Vorgesetzten, egal ob Kritik oder Lob, in jedem Fall explizit zu erfahren. Über einen gemeinsamen Betriebsausflug würden sich deutsche Angestellte sicher auch freuen, jedoch ist ihnen zunächst wichtig, dass sie eine verbale Anerkennung für ihre Arbeitsleistung erhalten.

Im Allgemeinen sollte man, wenn man Lob ausdrückt, aus den oben genannten Gründen keine allzu starke Gegenreaktion erwarten. Man könnte zum Beispiel auch einen türkischen Angestellten, mit dem man besser vertraut ist und der idealerweise über interkulturelle Kenntnisse verfügt, zur Seite nehmen und ihm erklären, dass in Deutschland eine andere Lobkultur herrscht als in der Türkei und dass die lobenden Worte auch ohne Gehaltserhöhung einen hohen Stellenwert haben.

■ Kulturelle Verankerung von »Indirekte Kommunikation«

Die Türken pflegen in der Interaktion mit ihren Mitmenschen einen indirekten Kommunikationsstil. Konflikte und Negativaussagen werden vermieden und Botschaften müssen – nicht nur deswegen – verschlüsselt mitgeteilt werden. Man spricht »durch die Blume«. Im Wesentlichen ergibt sich das Prinzip der indirekten Kommunikation aus den Verpflichtungen, die aus den vorhergehenden Kulturstandards entstehen.

■ Vermeidung von Konflikten und Negativaussagen

Die bereits erwähnte Ritualisierung türkischer Begrüßungsszenen ist eine Möglichkeit, Wut oder Ärger nicht unvorbereitet und zu Beginn eines Gesprächs und daher verletzender als beabsichtigt zum Ausdruck zu bringen. Damit würde der Aufbau der Beziehung stark gefährdet werden (vgl. Themenbereich 3: Beziehungsorientierung). Doch nicht nur der Aufbau, sondern auch das Aufrechterhalten wird mit dem Prinzip der indirekten Kommunikation gewährleistet. So wird während Diskussionen das eigene Verhalten reguliert, um nur keine Konflikte aufkommen zu lassen. Wenn ein Türke mit der Ansicht eines Diskussionsteilnehmers nicht konform ist, so wird er dies nicht direkt kundtun, sondern zunächst weitschweifig erklären, in welchen Punkten er genau derselben Meinung sei und dass diese Punkte wirklich enorm wichtig seien. Erst in einer kleinen Anmerkung am Schluss stellt er kurz seine eigene Meinung dar. Ansonsten wäre die Gruppenharmonie und damit die Beständigkeit der Beziehungen stark gefährdet. In einer kollektivistischen Kultur wie der Türkei funktionieren »messages to enhance social equality and to downplay the importance of individual speakers« (vgl. Kartarı, 1997, S. 84). Keiner soll das Gefühl bekommen, aus der Gruppe ausgeschlossen zu sein. Schließlich sind nach einem Grundprinzip des Islam alle Menschen gleich und dies muss auch auf der Kommunikationsebene ausgedrückt werden (vgl. Themenbereich 2 Mitmenschlichkeit). Menschen kollektivistischer Kulturen sehen sich selbst als Mittel und die Gruppe als Endziel. Das heißt, dass ihre eigenen Interessen und Bedürfnisse den Zielen der Gruppe dienen sollen. Harmonie und Konsens werden höher eingestuft als die Selbstverwirklichung einzelner Individuen. Aus diesem Grund neigt der Türke auch dazu, über Fehler von Mitmenschen großzügig hinwegzusehen. Schließlich hätte ihm das selbst auch passieren können und die Gruppe muss letztendlich zusammenhalten. Auf Verfehlungen »freundlich zu schauen« *(hoşgörü)* ist das türkische Wort für Toleranz.

Konflikte werden unter anderem dadurch vermieden, dass man einfach nicht zugibt, etwas nicht zu wissen oder zu können. Zum einen wäre damit ein Gesichtsverlust verbunden (vgl. Themenbereich 1: Ehre und Ansehen), zum anderen müssen die gruppenbezogenen Beziehungen gesichert werden. Ein Mitarbeiter, der von seinem Chef erklärt bekommt, wie eine Produktionsmaschine funktioniert und anschließend gefragt wird, ob er mit der Bedienung zurechtkommt, wird mit »Ja« antworten, selbst wenn er es nicht verstanden hat. Von einem Türken wird es nicht nur als extrem unhöflich empfunden, eine Negativaussage zu formulieren, zudem muss er in dieser Situation auch die Position des Chefs respektieren (vgl. Themenbereich 4 Hierarchieorientierung). Ein »Nein« könnte schon einer Unterstellung gleichkommen, dass die Erklärung des Chefs nicht gut genug war und somit dessen Ansehen gefährden. Genauso verhält es sich auch mit gegebenen Zusagen. Das »Ja« eines Türken ist immer relativ. Es ist abhängig von Kontext und Situation. Wird ein Türke um etwas gebeten, was er unmöglich erfüllen kann oder will, so wird er eine halbherzige Zustimmung geben, die von einem Deutschen als eindeutiges »Ja« aufgefasst wird, wird ihm dann jedoch durch sein Verhalten signalisieren, dass er der Bitte nicht nachkommen kann. So ist es ihm möglich, höflich zu bleiben, ein ernsthaftes Zerwürfnis zu vermeiden und es nicht zu einem tatsächlichen Konflikt kommen zu lassen. Beispielhaft ist hier auch die Zusage von einem Handwerker, der hoch und heilig verspricht, am nächsten Tag zu kommen, obwohl er bereits bei Abgabe des Versprechens weiß, dass er am folgenden Tag woanders beschäftigt sein wird. Er empfindet diese Zusage jedoch nicht als Lüge. Zum einen möchte er liebenswürdig sein und den Kunden positiv stimmen, zum anderen kann es ja tatsächlich sein, dass ihm etwas dazwischen kommt und er vielleicht doch noch Zeit findet (vgl. Themenbereich 5: Relativismus von Regeln und Zeit).

■ Nonverbale Kommunikation

Neben der Funktion der indirekten Kommunikation als Möglichkeit zur Vermeidung von Konflikten kommt ihr auch noch eine andere Bedeutung zu, nämlich die nonverbale Ausdrucksweise. Türken empfinden für bestimmte Situationen verbale Ausdrücke nicht angemessen und verwenden stattdessen bestimmte Gesten, eine bezeichnende Mimik oder drücken sich über ihre Körperhaltung aus. Generell drückt ein Türke durch engen Körperkontakt oder durch Berührungen, Sympathie aus. Eine besondere Beziehung kann auch öffentlich dokumentiert werden. So würde kein Türke an Homosexualität denken, wenn ein Mann den Arm um die Schulter seines Freundes legt oder mit ihm Hand in Hand oder eingehakt durch die Straßen läuft. Diese Gesten drücken lediglich die Freundschaft der beteiligten Personen aus. Das ist jedoch nur im Umgang mit hierarchisch gleichgestellten Personen und nur von oben nach unten möglich. Bei einer Berührung von einer hierarchisch höhergestellten Person steckt hinter der Berührung mehr als Sympathie, nämlich väterlich-fürsorgliches Wohlwollen (vgl. Themenbereich 4: Hierarchieorientierung). Dieses Konzept der körperlichen Nähe bezieht sich selbstverständlich nur auf gleichgeschlechtliche Personen, da alles andere dem Prinzip der Ehre (vgl. Themenbereich 1: Ehre und Ansehen) widersprechen würde.

Eine Entschuldigung muss in der türkischen Kultur nicht notwendigerweise verbal ausgedrückt werden. Eine bestimmte Körperhaltung, nämlich ein Neigen des Kopfes mit Blick nach unten und im Schoß übereinander gefaltete Hände reicht aus. Ohne direkte Explikation der Entschuldigung ist es möglich, den Gesichtsverlust des sich Entschuldigenden möglichst gering zu halten. Genauso kann man auch Kritik nonverbal äußern, um möglichst wenig an Ansehen einzubüßen (vgl. Themenbereich 1: Ehre und Ansehen). Vor allem im Familienkontext wird das böse Gesicht des Vaters bereits als hart genug empfunden. Es gibt noch eine Reihe anderer Körperhaltungen, die verwendet werden, um Botschaften wie Respekt, Verehrung, Gehorsam, Widerspruch oder Zustimmung auszudrücken. Besonders kompliziert scheint es zu sein, sich explizit verbal zu bedanken. Ein offener, verbaler Dank für Lob gilt zum Beispiel als Selbstlob. Türken sind es aufgrund ihrer Sozialisation nicht gewohnt, Lob zu erhalten. Deswegen reagieren die meisten Leute stillschweigend. Lob wird von Türken selten verbal ausgedrückt.

Die häufig verwendete nonverbale Kommunikation (z. B. Gestik, Mimik) ist also dafür verantwortlich, dass dem Kontext eine sehr hohe Bedeutung zukommt. Weil das Gesagte dadurch auf mehrere Arten zu interpretieren ist (High-Context-Kultur). Eine Aussage oder Verhaltensweise hat somit oft nicht nur eine Bedeutung, sondern impliziert mehrere Aussagen.

Die indirekte Kommunikation steht in engem Zusammenhang mit der autoritären Erziehung im Osmanischen Reich. Zur damaligen Zeit war *falaka* (Schlagen auf die Fußsohlen mit einem Stock) eine übliche Art der Strafe. Erst seit den 1960er Jahren gibt es die antiautoritäre Erziehung, wobei bis heute von Lehrern äußerst selten Lob, sondern hauptsächlich Bestrafung zu erwarten ist. Ein Übriges tat die Zweiteilung der türkischen Gesellschaft in Herrschaftsschicht und Untertanen. Durch indirekte Kommunikation war es möglich, Kritik an der Obrigkeit zu üben, ohne sich dafür zur Rechenschaft ziehen lassen zu müssen. Kleine nonverbale Andeutungen mussten genügen, um aussagen zu können, was man aussagen wollte.

Offensichtlich wird die türkische Neigung zur nonverbalen

Kommunikation, zu fröhlicher Übertreibung in Mimik und Gestik, in der jahrhundertealten Tradition von Marionetten- und Schattenspiel. Aussagekräftig ist auch die Art der türkischen Musik. Die Melodien sind schwermütig und die Texte sind voll von Jammern und Klagen. Was einen Türken in seinem Innersten bewegt, gelangt am reinsten in türkischen Liedern zum Ausdruck, in denen es in den meisten Fällen um eine unerfüllte Liebe, Sehnsucht nach der Liebsten, Abschied von der Heimat oder ähnliches geht. Häufig kann man selbst erwachsene Männer beobachten, die ergriffen vor dem Fernseher oder Radio sitzen und ihren Gedanken nachhängen. Deutsche kontrollieren ihre Emotionen weitgehend und lassen sich in der Öffentlichkeit nur selten gehen, Türken hingegen sind sehr emotional und zeigen dies – ohne dass es ihnen peinlich ist – auch nach außen.

■ Themenbereich 7: Händlermentalität

■ Beispiel 17: Beim Einkaufen

■ Situation

Eines Nachmittags ist Frau Fink in Izmir beim Einkaufen unterwegs. Sie sucht nach nichts Bestimmtem und möchte sich einfach ein bisschen umsehen. Sie betritt eine Boutique und sofort kommt ein Verkäufer auf sie zu: »Was darf ich Ihnen zeigen?« Als Frau Fink nur unschlüssig schaut, beginnt er, einzelne Stücke aus den Regalen zu nehmen und sie vor ihr auszubreiten. Frau Fink würde sich die Kleidungsstücke lieber selbst auswählen und allein anschauen, sagt aber nichts. Sie fühlt sich nicht wohl und verlässt den Laden schnell, ohne sich etwas genauer anzusehen. Sie fühlt sich gedrängt und versteht nicht, warum der Verkäufer nicht gewartet hat, bis sie sich selbst etwas ausgesucht hat, das sie ansehen möchte.

Wie erklären Sie sich das Verhalten des türkischen Verkäufers?

– Lesen Sie nun die Antwortalternativen nacheinander durch.
– Bestimmen Sie den Erklärungswert jeder Antwortalternative für die gegebene Situation und kreuzen Sie ihn auf der darunter befindlichen Skala an. Es ist möglich, dass mehrere Antwortalternativen den gleichen Erklärungswert besitzen.

■ Deutungen

a) Der Verkäufer hat bemerkt, dass Frau Fink eine westliche Ausländerin ist. Da er hinter ihr Geld vermutet, möchte er ihr unbedingt etwas verkaufen.

| sehr zutreffend | eher zutreffend | eher nicht zutreffend | nicht zutreffend |

b) Ein türkischer Verkäufer hat das Gefühl, er müsse ungefragt alle eventuellen Wünsche eines Kunden erfüllen. Nur so kann es seiner Meinung zu einem erfolgreichen Geschäftsabschluss kommen.

| sehr zutreffend | eher zutreffend | eher nicht zutreffend | nicht zutreffend |

c) Türken suchen um jeden Preis einen Geschäftsabschluss. In der Türkei ist es üblich, aktiv auf den Kunden zuzugehen.

| sehr zutreffend | eher zutreffend | eher nicht zutreffend | nicht zutreffend |

d) Der Türke hat bemerkt, dass Frau Fink Ausländerin ist. Deswegen möchte er besonders hilfsbereit und zuvorkommend sein.

| sehr zutreffend | eher zutreffend | eher nicht zutreffend | nicht zutreffend |

– Versuchen Sie, Ihre Einstufung jeder Antwortalternative zu begründen. Halten Sie die Begründung in schriftlicher Form stichpunktartig fest.

– Lesen Sie nun die Erläuterungen zu jeder Antwortalternative durch und vergleichen Sie diese mit Ihren eigenen Begründungen.

■ Bedeutungen

Erläuterung zu a):

Frau Fink sieht und hört man es an, dass sie Europäerin ist. Für den türkischen Verkäufer ist es sehr wichtig, Geschäftsabschlüsse zu erzielen, weil seine Existenz davon abhängt. Dass er Frau Fink in der Situation ungefragt Kleidungsstücke vorlegt und ihr keine

Zeit lässt, sich allein im Geschäft umzusehen, liegt aber nicht daran, dass Frau Fink eine Europäerin ist. Viele Türken waren selbst schon in Europa und speziell in Deutschland oder haben Bekannte dort. Sie wissen, dass dort ein anderes Verkaufsverhalten herrscht. Wenn es sich bei der Kundin um eine Türkin gehandelt hätte, hätte er sie mit Sicherheit genauso behandelt. Demzufolge ist diese Antwort nicht zutreffend.

Erläuterung zu b):
Gerade Türken, die im Einzelhandel arbeiten, haben das Gefühl, sie müssten ihre Kunden so weit wie möglich bedienen und am besten ungefragt alle ihre Wünsche erfüllen. Deutsche haben dadurch oft das Gefühl, vom Verkäufer bedrängt und zu einem Einkauf überredet zu werden und entziehen sich der für sie unangenehmen Situation, indem sie das Geschäft lieber schnell verlassen. Für den Türken stellt dies lediglich die äußerste Form des Service dar. Er möchte seinem Kunden das Gefühl geben, dass er alles in seiner Macht Stehende tun würde, um ihn zufrieden zu stellen, um ihn so vom Kauf eines Produkts zu überzeugen. Im Gegenzug erwarten das türkische Kunden auch. Sie schätzen es, bedient und hofiert zu werden und lassen sich gern etwas zeigen.

Erläuterung zu c):
Frau Fink ist es aus ihrem Heimatland gewohnt, dass sie, wenn sie Interesse an einem Produkt hat, den Verkäufer anspricht und so den Kaufvorgang einläutet oder dass ein Verkäufer zunächst fragt, ob sie Hilfe benötigt und sie, falls dies nicht der Fall ist, dann allein weiter suchen lässt. In der Türkei ist es jedoch so, dass der Verkäufer aktiv auf seinen Kunden zugeht und ihm die Ware schmackhaft macht. In Zeiten osmanischer Basare – und auch größtenteils auf türkischen Basaren der Neuzeit – war es üblich, seine Ware durch lautes Rufen quer über die Straße anzupreisen. Die Konkurrenz an Einzelhändlern, die in der näheren Umgebung dieselben oder ähnliche Produkte verkaufen, war und ist sehr groß und nicht selten gilt der Grundsatz: »Wer am lautesten schreit, fängt die meisten Kunden«. Diese Antwort ist im selben Maß zutreffend wie Erklärung 2.

Erläuterung zu d):
Türken sind sehr bemüht um ihre Besucher (vgl. Themenbereich 2: Mitmenschlichkeit). Frau Fink steht unentschlossen im Laden des Türken und blickt sich suchend um. Der türkische Verkäufer merkt, dass sie die Sprache nicht so gut kann. Er legt ihr ungefragt alle Kleidungsstücke vor, um ihr so die Auswahl leichter zu machen. Dadurch möchte er ihr auch signalisieren, dass er sich Mühe für sie gibt und sie ihm als Kundin am Herzen liegt. Diese Antwort spielt zu einem geringen Teil in das Verhalten des Türken hinein, ist aber in dieser Situation eher nicht zutreffend.

■ Lösungsstrategie

In einer solchen Situation sollte Frau Fink gleich zu Anfang sagen, dass sie sich nur umsehen möchte und keine Beratung wünscht. Der Türke interpretiert sonst ihre suchende Blicke als Suche nach seiner Hilfe. In den meisten Fällen wird der türkische Verkäufer das akzeptieren – wenn er es auch nicht versteht – es sei denn, es handelt sich um eine besonders touristische Region der Türkei, in denen es sich teilweise zu einem regelrechten Sport ausgewachsen hat, Touristen mit Serviceangeboten zu »jagen«. Im Allgemeinen empfiehlt es sich beim Einkauf in einem türkischen Laden – es sei denn es handelt sich um einen Supermarkt – einige Grundsätze zu beachten.

So sollten Waren nur bei ernsthaftem Interesse in die Hand genommen werden. Der Blick sollte nicht zu lange an einem Gegenstand hängen bleiben, den man eigentlich nicht kaufen möchte. Verhält man sich so, sind das für den türkischen Verkäufer eindeutige Signale, dass eine Kaufabsicht vorliegt und er nun alles dafür tun muss, den Kunden vom Kauf zu überzeugen. Außerdem sollte ein selbstsicheres Auftreten an den Tag gelegt werden, dass dem Verkäufer signalisiert, dass man in der Lage ist, selbst auszuwählen und demzufolge keine Hilfe benötigt. Möchte man sich im Verlauf des Aufenthalts im Laden doch noch beraten oder bedienen lassen, genügt ein kurzer Zuruf oder Blick und der türkische Verkäufer wird dies in aller Zuvorkommenheit tun, die er aufbieten kann.

◼ Beispiel 18: Der Prototyp

◼ Situation

Herr Selig ist Geschäftsführer einer deutschen Firma in Istanbul. Er arbeitet an der Fertigstellung eines Prototyps für eine große Anlage im Iran. In drei Tagen muss der Prototyp fertig sein, da ansonsten der Terminplan für die Produktion der Maschinen nicht eingehalten werden kann. Bereits seit einer Woche steht der Bau des Prototyps still, weil Herr Selig auf einige Teile wartet. Immer wieder wird er vom türkischen Lieferanten vertröstet und steht deswegen gegenüber dem Endabnehmer unter großem Druck. Herr Selig ist sehr verärgert. Er hatte dem Lieferanten extra gesagt, dass er sich hundertprozentig auf die pünktliche Lieferung der Teile verlassen können müsse, da ein sehr wichtiger Auftrag daran hänge. Der Türke hatte ihm versprochen, dass es keine Komplikationen geben würde. Herr Selig kann sich nicht erklären, wieso er Terminversprechungen abgibt, wenn er noch nicht sicher weiß, ob er sie einhalten kann.

Wie erklären Sie sich das Verhalten des Lieferanten?

– Lesen Sie nun die Antwortalternativen nacheinander durch.
– Bestimmen Sie den Erklärungswert jeder Antwortalternative für die gegebene Situation und kreuzen Sie ihn auf der darunter befindlichen Skala an. Es ist möglich, dass mehrere Antwortalternativen den gleichen Erklärungswert besitzen.

◼ Deutungen

a) Der Türke hat ein anderes Verständnis von Pünktlichkeit. Ein Tag früher oder später ist seiner Meinung nach nicht so wichtig.

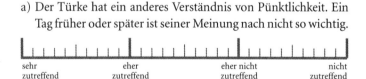

sehr   eher   eher nicht   nicht
zutreffend   zutreffend   zutreffend   zutreffend

b) Der Lieferant hat unvorhergesehene technische Schwierigkeiten bekommen. In der Türkei lassen sich diese nicht so schnell beheben wie in Deutschland.

131

| sehr zutreffend | eher zutreffend | eher nicht zutreffend | nicht zutreffend |

c) Der Türke möchte nicht zugeben, dass er den Termin nicht einhalten kann.

| sehr zutreffend | eher zutreffend | eher nicht zutreffend | nicht zutreffend |

d) Für den Türken stand zunächst der Abschluss des Geschäfts im Vordergrund. Über die Einhaltung des Termins hat er sich zu diesem Zeitpunkt noch keine Gedanken gemacht.

| sehr zutreffend | eher zutreffend | eher nicht zutreffend | nicht zutreffend |

– Versuchen Sie, Ihre Einstufung jeder Antwortalternative zu begründen. Halten Sie die Begründung in schriftlicher Form stichpunktartig fest.

– Lesen Sie nun die Erläuterungen zu jeder Antwortalternative durch und vergleichen Sie diese mit Ihren eigenen Begründungen.

■ **Bedeutungen**

Erläuterung zu a):
Für den Türken ist es nicht so schlimm, wenn er den Termin nicht auf den Tag genau einhalten kann. Man kann im Leben nicht alles präzise planen, weil immer wieder unvorhergesehene Dinge passieren können, die die Planungen über den Haufen werfen. Das liegt nicht in den eigenen Händen, sondern ist Schicksal *(kismet)*. Deswegen braucht man sich selbst nicht unter Druck setzen, wenn man eigentlich gar keinen großen Einfluss auf den Lauf der Dinge hat, sondern kann gelassen abwarten. Am Ende wird es schon irgendwie werden – vielleicht nicht genau zum vereinbarten Termin, aber zumindest nahe daran (vgl. Themenbereich 5: Relativismus von Regeln und Zeit).

Erläuterung zu b):

Die Wandlung vom Agrar- zum Industriestaat ist in der Türkei noch nicht abgeschlossen, sondern in vollem Gange. Es kann durchaus sein, dass es zum Beispiel Lieferschwierigkeiten bei Vormaterialien oder Maschinen gibt, die nicht funktionieren. In Deutschland ist es selbstverständlich, dass eine Produktionsmaschine über einen vertraglich geregelten Kundendienst verfügt, in der Türkei ist dem nicht immer so. Deshalb kann es eine Zeitlang dauern, bis eine Maschine wieder läuft. Die Antwort kann unter Umständen zu der verspäteten Lieferung der Teile geführt haben, sie erklärt jedoch nicht, warum der Türke diese Tatsache nicht in seine Planungen mit einbezogen hat.

Erläuterung zu c):

Als Herr Selig den Türken gefragt hat, ob der die Teile sicher pünktlich liefern könnte, war es dem Türken nicht möglich, darauf mit einem direkten »Nein« zu antworten. Damit hätte er zugeben müssen, dass er etwas nicht kann, was für ihn mit einem Gesichtsverlust verbunden gewesen wäre (vgl. Themenbereich 1: Ehre und Ansehen). Es fällt ihm leichter, den Auftrag zu bestätigen und das Risiko einzugehen, nicht pünktlich zu liefern. Er hat sein Bestes gegeben, die Frist einzuhalten, wenn es letztendlich nicht klappt, wird der Deutsche dafür sicherlich Verständnis haben. Diese Antwort trifft etwas zu, eine andere beschreibt die Situation jedoch besser.

Erläuterung zu d):

Türken sind sehr geschäftstüchtige Menschen und versuchen stets Aufträge zu bekommen. Dabei denken sie zum Zeitpunkt des Vertragsabschlusses noch nicht an die Einhaltung der einzelnen Details. Wichtig ist, dass man sich einig geworden ist und ein Geschäft gemacht hat. Ganz im Gegensatz dazu steht das Geschäftsverhalten eines Deutschen. Er plant seine Termine von langer Hand und versucht etwaige Probleme bezüglich der Termineinhaltung bereits im Vorfeld zu klären. Der Türke lebt viel stärker in der Gegenwart und versucht Tag für Tag so viele Aufträge wie möglich zu erhalten, weil er seinen beruflichen Erfolg nicht an der exakten Einhaltung der einzelnen Termine festmacht, also wie gut die Qualität der Arbeit war, sondern daran, wie viele Aufträge er bekommen hat. Je mehr Aufträge er bekommt, umso mehr Geld kann er auch verdienen. Er denkt nicht so weit voraus, dass ein schlecht ausgeführter Auftrag vielleicht keinen Folgeauftrag bedeuten könnte. Für ihn steht der momentane, gegenwärtige Nutzen, den er beim Abgeben der Zusage vor Augen hatte, im Vordergrund.

■ Lösungsstrategie

Ist die Einhaltung des Termins wirklich sehr dringend, empfiehlt es sich, den Lieferanten immer wieder zu fragen, ob er wirklich termingerecht liefern könne, ihn immer wieder an die Lieferung zu erinnern und ihn nach dem Voranschreiten der Bestellung zu fragen. Der Türke wird sich über dieses Kontrollverhalten zwar ärgern, wird aber dann alles Mögliche und Unmögliche dafür tun, den Termin pünktlich einzuhalten, weil er erkennt, dass der Termin für Herrn Selig wirklich wichtig ist. Über kurz oder lang sollte sich Herr Selig jedoch einen anderen, zuverlässigeren Lieferanten suchen, der häufig Geschäfte mit ausländischen Partnern macht, und somit deren Gepflogenheiten gewöhnt ist. Einen solchen könnte er vielleicht über Empfehlungen anderer Hersteller finden, die über mehr Erfahrungen auf dem türkischen Markt verfügen als er. Dem früheren Lieferanten sollte er am besten einen Brief schreiben, in dem er ihn auf die nicht eingehaltene Terminvereinbarung hinweist und ihm klarmacht, dass er aufgrund dessen sein Versprechen gegenüber dem Endabnehmer nicht einhalten konnte. Wegen des erlittenen Schadens müsse er leider die Geschäftsbeziehungen beenden, wünsche ihm jedoch viel Erfolg auf seinem weiteren beruflichen Weg. So hat der Türke die Möglichkeit, das Beenden der Partnerschaft ohne einen Gesichtsverlust zu erfahren. Das wäre bei einer persönlichen Anschuldigung durch Herrn Selig nicht möglich.

Im Allgemeinen ist es nicht ratsam, sich auf die Zusage eines Lieferanten zu verlassen. Es gibt zu viele Risikofaktoren, die die Zusage unsicher machen. Demzufolge ist es wichtig, immer wieder nachzukontrollieren, inwieweit der Auftrag ausgeführt wird.

Außerdem sollte man bei dahingesagten Versprechen, zum Beispiel bei der Gewährung eines Preisnachlasses, vorsichtig sein. So kann es durchaus vorkommen, dass man über einen Rabatt gesprochen hat und der türkische Geschäftspartner bereits am nächsten Tag mit dem fertig ausformulierten Vertrag vor der Tür steht. Er möchte sich das gute Geschäft auf keinen Fall durch die Lappen gehen lassen und versucht, es mit allen Mitteln zum Abschluss zu bringen. Deswegen ist es in Verhandlungen über Preis- und Lieferabsprachen immer wichtig, am Ende noch einmal festzuhalten, was abgemacht wurde. Ansonsten wird der Türke die für ihn beste Interpretation wählen.

■ Kulturelle Verankerung von »Händlermentalität«

■ Unbedingte Geschäftstüchtigkeit

Wann immer es möglich ist, wird ein Türke versuchen, ein Geschäft abzuschließen. Um den Grundstein zum Abschluss eines Geschäfts zu schaffen, bieten vor allem die Kontakte zu seinen Mitmenschen eine gute Möglichkeit. Ein erfolgreicher Händler muss demnach ein Meister im Knüpfen vielfältiger Beziehungen sein, denn je mehr Leute er kennt, umso größer ist die Wahrscheinlichkeit, einen Auftrag zu erhalten. Aus diesem Grund werden Bekannte wie Fremde ständig angesprochen, ob sie Interesse an dem angebotenen Produkt haben oder aber auch, ob sie jemanden kennen, der daran Interesse hätte. Die Kontaktherstellung zwischen Verkäufer und Käufer über eine Vermittlungsperson ist eine gängige Geschäftspraxis in der Türkei. Schließlich weiß man dann, ob man dem Handelspartner trauen kann. Deswegen ist verständlich, warum Türken viel Zeit in den Beziehungsaufbau investieren. Eine stabile, sichere Geschäftsbeziehung, bei der man sich auf die Qualität der Ware und auf gute Preise verlassen kann, ist die zeitliche Investition des Beziehungsaufbaus wert (vgl. Themenbereich 3: Beziehungsorientierung). Untereinander begegnen sich die Händler mit Solidarität. So ist es keine Seltenheit, dass man vom einem Ladenbesitzer, der den gewünschten Artikel nicht verfügbar hatte, in das Geschäft eines bekannten oder befreundeten Händlers geführt wird. Der türkische Geschäftsmann hat dadurch zum einen die Möglichkeit, auf dem Weg zum Geschäft des Bekannten noch einmal darauf aufmerksam zu machen, dass er noch viele andere Produkte im Angebot hat, zum anderen handelt er aber auch aus Solidarität gegenüber seinem Kunden sowie gegenüber seinem Konkurrenten. »Eine Hand wäscht die andere« beschreibt den Sachverhalt insofern gut, als dass der türkische Händler weiß, dass sich der Kunde beim nächsten Mal vielleicht an seine Hilfsbereitschaft erinnern wird und ein benötigtes Produkt dann aus Solidarität bei ihm kauft. Außerdem ist ihm auch der andere Geschäftsmann etwas »schuldig« und wird sich bei der nächsten Gelegenheit sicherlich dafür revanchieren.

Mitunter passiert es auch, dass türkische Händler Geschäfte abschließen, obwohl ihnen noch nicht im Detail klar ist, wie und ob sie die Lieferbedingungen einhalten können. Im Vordergrund steht zunächst nur der Abschluss des Geschäfts, Termine und Fristen sind dabei zweitrangig. Schließlich weiß man sowieso nie genau, wie es kommt (vgl. Themenbereich 5: Relativismus von Regeln und Zeit).

■ Servicementalität

Um nun erfolgreiche Geschäfte zu betreiben, erfüllen vor allem Türken, die im Einzelhandel arbeiten, ungefragt alle Wünsche ihrer Kunden. Betritt ein Kunde ein türkisches Geschäft, so wird er sogleich umgarnt, ob man ihm behilflich sein könne, was man ihm zeigen dürfe, ob er nicht einen Tee trinken wolle usw. Man überschlägt sich förmlich, es dem Kunden so angenehm wie möglich zu machen. Deutsche Kunden haben dabei oft das Gefühl, bedrängt und überrumpelt zu werden. In der türkischen Kultur gilt jedoch der Ausspruch: »Kunden sind wie Fische. Man muss viel Geduld aufbringen, damit sie anbeißen« (Moir, 1999, S. 123). Darauf legen türkische Kunden auch großen Wert. Schließlich ist der Verkäufer ein Dienstleister, steht in der Hierarchie also deutlich unter ihnen. Die Redewendung »Der Kunde ist König« ist also um Einiges wörtlicher zu nehmen als in Deutschland. Möchte man sich zum Beispiel ein paar neue Schuhe kaufen, so kniet sich der Verkäufer sogar vor den Kunden, zieht ihm persönlich die Schuhe an und lässt es sich auch nicht nehmen, sie für ihn zu binden (vgl. Themenbereich 4: Hierarchieorientierung). Ebenso wird das benutzte Geschirr sofort nach dem letzten Bissen des Gastes weggeräumt und nach neuen Wünschen gefragt – alles andere wäre unhöflich. Schließlich soll dem Gast gezeigt werden, dass er willkommen ist und dies wird erreicht, indem jeder Wink oder Blick von ihm beachtet wird. Nur so kann er sich wohlfühlen und wird das nächste Mal wiederkommen. Wenn er sehr zufrieden war, vielleicht sogar mit Freunden.

▓ Feilschen

Die Produkte des täglichen Bedarfs haben meist fixe Preise. Bei allen anderen Geschäften kommt es jedoch äußerst selten vor, dass etwas verkauft wird, ohne vorher über den Preis zu feilschen. Das Feilschen stellt für beide Seiten eine ansehenerzeugende Austauschhandlung dar. Der Kunde äußerst sein Interesse an der Ware und erkennt ihre Qualität an. Dadurch begibt er sich in ein ungleiches Verhalten zum Verkäufer, welchem dieser durch das Nennen des Preises entgegenwirkt. Der Preis für die Ware, den der Verkäufer nennt, muss zunächst hoch ausfallen, weil der Verkäufer damit anerkennt, dass der Interessent einen guten Blick für Qualität hat. Indem dann jeder der beiden ein Stück weit von seiner ursprünglichen Forderung abweicht, gesteht er dem anderen den Anspruch auf Ansehen (şeref) zu (vgl. Themenbereich 1: Ehre und Ansehen). Bietet der Händler die Ware zum Beispiel einem reichen Kaufmann an, so kann er seinen Anspruch auf şeref durch einen höheren ersten Preis kundtun. Der Reiche gewährt Gleichheit, indem er viel gibt, also großzügig ist. Ist er dies nicht, so wird der Wert der Ware abgemindert und der Verkäufer erfährt eine gewisse Geringschätzung, die mit einem Verlust von şeref einhergeht. Şeref produziert also immer der Stärkere, der dem Schwächeren Gleichheit gewährt. Ein Deutscher, also ein Fremder, befindet sich per se in einer ungleichen Position. Man hält ihn für reich und von Reichen viel zu nehmen ist nichts Unehrenhaftes, im Gegenteil. Die Aussage »In Deutschland gibt es soviel Geld, dass sogar die welches bekommen, die nicht arbeiten« (vgl. Alanyali, 2004, S. 58) spiegelt diese Meinung wider.

Historisch betrachtet haben die Türken das Feilschen von den Levantinern gelernt. Im Osmanischen Reich lag der Handel in den Händen der christlichen und jüdischen Minderheit. Dem anatolischen Bauern blieb das wortgewandte Kaufgespräch fremd. Die Oberschicht hielt sich von den plebeijischen Aktivitäten fern. Ein Türke in einer hohen gesellschaftlichen Position hätte zur damaligen Zeit dadurch seinem Prestige geschadet. Die Ehrenhaftigkeit der Handelspartner war in unsicheren Zeiten ein unerlässlicher Verhaltenskodex für den Warenverkehr der beiden Beteiligten. Da sich die nomadische Bevölkerung häufig längere Zeit nicht sah, war es zudem wichtig, Vertrauen aufzubauen, das stabil war. Somit lohnte es sich in jedem Fall, Zeit in den Beziehungsaufbau zu investieren, da vertrauensvolle Geschäfte, bei denen man sich auf die Qualität der Ware verlassen konnte, ansonsten unmöglich gewesen wären (vgl. Themenbereich 2: Mitmenschlichkeit).

Die unbedingte Geschäftstüchtigkeit wurzelt unter anderem auch im Islam. Der Prophet Mohammed stammte selbst aus einer Kaufmannsfamilie und übte diesen Beruf lange Jahre aus. Viele Stellen des Koran deuten darauf hin, dass er in kommerziellen Kategorien dachte. Aus diesem Grund genießt der Handeltreibende auch heute noch großes Ansehen. Am Tage der Auferstehung gelangt er gemeinsam mit den Glaubenskämpfern ins Paradies. So besagt ein Ausspruch des Propheten: »Ich empfehle euch die Kaufleute. Sie sind die Postboten der Welt und die Treuhänder Gottes auf Erden« (vgl. Alanyali, 2004, S. 124). Das türkische Verkaufsverhalten, das Deutsche oft als offensiv empfinden, erklärt sich aus der Anordnung der Geschäfte. Bereits zu Beginn des 2. Jahrhunderts vor unserer Zeit brachten Kolonien assyrischer Kaufmänner den organisierten Handel nach Anatolien. Später förderten ihn mit besonderem Eifer die türkischen Seldschuken. Noch heute sieht man entlang der Handelsstraßen die prächtigen Karawansereien *(hans)*. Hier gesellten sich immer die Händler des gleichen Gewerbes zueinander – wie es auch heute noch in der Türkei üblich ist. In einem *han* wirkten die Händler der einen Zunft, im anderen *han* die der anderen Zunft. Somit ist klar, warum die Händler durch lautstarkes Schreien und Werben für ihre Produkte auf sich aufmerksam machen mussten. Ansonsten hätten sie neben ihrer harten Konkurrenz keine Chance auf einen Geschäftsabschluss gehabt.

◼ Themenbereich 8:
Ambivalenter Nationalstolz

◼ Beispiel 19: Das Gespräch

◼ Situation

Eines Tages beginnt Frau Müller mit einem Kollegen ein Gespräch über die Europäische Union und die Beitrittsverhandlungen mit der Türkei. Gerade das Kurdenproblem wird zentrales
Thema des Gesprächs. Der Türke sagt, er könne gar nicht verstehen, warum alle so ein großes Aufheben darum machen. Die Türkei würde doch alle möglichen Minderheiten akzeptieren, man
sei ein freies Land und würde solchen Gruppierungen sogar Hilfe
und Geld anbieten. Allein die Kurden hätten kein Interesse daran
und würden sich gegen ein friedliches Zusammenleben sträuben.
Auch in späteren Gesprächen hat der Türke Frau Müllers Meinung nach eine sehr unrealistische Vorstellung von den Helden-
taten und dem humanen Umgang der Türkei mit anderen Völ-
kern, zum Beispiel während Kriegen. Er äußert niemals Kritik an
der Türkei. Vielmehr scheint er sie für perfekt zu halten. Frau
Müller kann das nicht verstehen. Ihrer Meinung nach gibt es in
jedem Land Probleme und Fehler, die man offen ansprechen sollte. Sie findet die Darstellung des Türken naiv und lächerlich.
Doch jedes Mal, wenn sie ansetzt, ihm das vorsichtig deutlich zu
machen, braust er auf und nennt ihr nur noch mehr Beispiele,
warum die Türkei ein ausschließlich großartiges Land sei.
Schließlich gibt Frau Müller auf. Sie ärgert sich zwar immer noch
über seine unrealistischen Ansichten, möchte aber die gute Ar-
beitsbeziehung nicht durch einen Streit gefährden.

Wie erklären Sie sich die Reaktion des Türken?

- Lesen Sie nun die Antwortalternativen nacheinander durch.
- Bestimmen Sie den Erklärungswert jeder Antwortalternative für die gegebene Situation und kreuzen Sie ihn auf der darunter befindlichen Skala an. Es ist möglich, dass mehrere Antwortalternativen den gleichen Erklärungswert besitzen.

■ Deutungen

a) Der Türke reagiert so aufbrausend, weil er von der Deutschen auf die Missstände des Landes angesprochen wird. Die Türken möchten endlich von der Europäischen Union und generell von Europa akzeptiert werden.

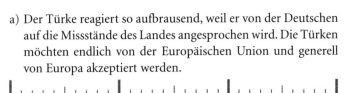

| sehr zutreffend | eher zutreffend | eher nicht zutreffend | nicht zutreffend |

b) In der Türkei vermeidet man es generell, über kritische Themen zu diskutieren. Insbesondere, wenn es um es um Kritik am eigenen Land geht.

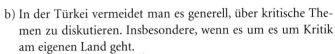

| sehr zutreffend | eher zutreffend | eher nicht zutreffend | nicht zutreffend |

c) Der Türke kann nicht offen und realistisch über die Probleme des Landes sprechen. Er fühlt sich durch Frau Müllers Kritik persönlich angegriffen.

| sehr zutreffend | eher zutreffend | eher nicht zutreffend | nicht zutreffend |

d) Der Stolz auf die türkische Nation wird Türken von klein auf vermittelt. Zuweilen führt er zu einer gewissen Selbstüberschätzung und Verklärung alles Türkischen.

| sehr zutreffend | eher zutreffend | eher nicht zutreffend | nicht zutreffend |

- Versuchen Sie, Ihre Einstufung jeder Antwortalternative zu begründen. Halten Sie die Begründung in schriftlicher Form stichpunktartig fest.

– Lesen Sie nun die Erläuterungen zu jeder Antwortalternative durch und vergleichen Sie diese mit Ihren eigenen Begründungen.

■ Bedeutungen

Erläuterung zu a):
Nach Meinung vieler Türken mischen sich die Medien, Intellektuellen und Politiker Europas (vor allem Deutschlands) schon seit Jahren äußerst einseitig in die innenpolitischen Angelegenheiten der Türkei ein. Aufgrund der EU-Beitrittsverhandlungen werden die Missstände in der Türkei noch stärker beachtet und aufgegriffen. Die Türken sind es leid, von Ausländern darauf angesprochen zu werden, da sich in den letzten Jahren bereits Vieles zum Positiven verändert hat, sie jedoch ständig mit Kritik konfrontiert werden. Auch in anderen europäischen Ländern gibt es Probleme mit Minderheiten, die nach Ansicht der Türken nicht so kritisch betrachtet werden wie die Probleme der Türkei. Die Türkei gab und gibt sich große Mühe, von Europa als westliches Land anerkannt zu werden und hat dafür auch einige Anstrengungen unternommen (z. B. diverse Gesetzesänderungen nach westlichem Vorbild). Den Türken kränkt es in der vorliegenden Situation, dass Frau Müller diese nicht lobend erwähnt, sondern ihm immer noch das Gefühl gibt, die Türkei sei nicht »gut genug« für Europa. Diese Antwort beschreibt das Verhalten des Türken in der Situation zutreffend.

Erläuterung zu b):
Es ist in der Türkei generell nicht üblich, kritische Themen anzusprechen, sofern es sich vermeiden lässt. Ein Gespräch über den EU-Beitritt, der sich nun schon seit Jahren hinzieht, und über die Gründe, warum das so ist, ist eine hochbrisante Thematik. Türken würden umgekehrt niemals Missstände in Deutschland ansprechen. Sie erachten es als unhöflich, den Gegenüber auf unliebsame Themen anzusprechen. Dadurch wird die interpersonelle Harmonie bedroht (vgl. Themenbereich 6: Indirekte Kommunikation). Hingegen ist es für einen Deutschen selbstver-

ständlich, sich über kritische Themen zu unterhalten. Direkt und ungeschönt wird über Probleme und Missstände im eigenen Land gesprochen. Diese Antwort ist teilweise zutreffend, eine andere Antwort erklärt die Situation jedoch besser.

Erläuterung zu c):
Frau Müller möchte sich sachlich über die Thematik unterhalten, möchte sich austauschen, politische Sachverhalte hinterfragen und sie aus der Sicht eines Türken kennen lernen. In Deutschland ist es üblich, sich offen und nüchtern mit der deutschen Geschichte und auch der aktuellen Tagespolitik auseinander zu setzen. Hier findet sich der Unterschied im Kommunikationsverhalten wieder. Die Deutsche wollte sich mit ihrem türkischen Kollegen auf der Sachebene über ein sehr emotionales Thema unterhalten. Emotionen werden hierbei weitgehend kontrolliert. Für einen Türken ist die sachliche und die persönliche Ebene jedoch nicht zu trennen. Er nimmt Frau Müllers Kritik äußerst persönlich und es ist ihm nicht möglich, sich mit ihr rein sachlich auszutauschen (vgl. Themenbereich 3: Beziehungsorientierung). Diese Antwort beschreibt die Situation gut, ist jedoch nicht allein für die Reaktion des Türken verantwortlich.

Erläuterung zu d):
Atatürk hat mit Gründung der Republik das türkische Nationalgefühl neu definiert. Mit Leitsätzen wie »Die Türkei den Türken« war vor allem gemeint, dass alle auf türkischem Staatsgebiet lebenden Völker als Türken zu bezeichnen wären, unabhängig von ihrer ethnischen Abstammung. Um dies im Volk einpflanzen zu können, wurde das türkische Schulsystem so ausgerichtet, dass der Stolz auf die eigene Nation und die eigenen Errungenschaften als wichtigster zu vermittelnder Lehrinhalt galt und auch heute noch gilt. Im öffentlichen Leben wurde und wird man fast überall mit Atatürk-Bildern und nationalistischen Aussprüchen des Reformers konfrontiert. Jeder Türke ist sehr stolz auf sein Land und wird es wann immer nötig gegen jede Kritik verteidigen.

■ Lösungsstrategie

In einer solchen Situation sollte man als Deutscher viel Fingerspitzengefühl haben und sich vor allem gut über die politischen
Sachverhalte informieren. Die meisten Türken reagieren äußerst
empfindlich, wenn man sich auf eine Diskussion über ein politisches Thema mit ihnen einlässt. Wichtig ist, dass man im Verlauf
eines solchen Gesprächs immer wieder positive Anmerkungen
über die Dinge macht, die in der Türkei erreicht oder verändert
wurden. Am einfachsten wäre es, eine solche Diskussion gänzlich
zu vermeiden, da dadurch interpersonelle Beziehungen gefährdet
werden können und der Informationsgewinn nicht sonderlich
hoch ist. Wenn man etwas über aktuelles politisches Geschehen
oder die Entstehung politischer Konflikte in der Türkei erfahren
möchte, ist es besser, auf qualitativ hochwertige Literatur zurück-
zugreifen, die sich differenziert mit der Thematik auseinander
setzt. Im Zuge der EU-Aufnahmegespräche, in deren Zusammenhang sich die Türkei verstärkt mit aktuellen politischen
Problemen auseinander setzen muss, erfährt der Tabu-Charakter
der Thematik jedoch eine Aufweichung. Außerdem gibt es immer
mehr junge Intellektuelle, die aufgrund eines Auslandsaufent-
halts erfahren haben, dass innerpolitische Probleme auch wert-
frei diskutiert werden können. Momentan ist das aber eher eine
Minderheit.

Ein weiteres großes Thema neben den aktuellen politischen
Problemen ist Atatürk. Man sollte sich als Deutscher niemals er-
lauben, Kritik an Atatürk zu äußern. Auch harmlose Witzchen
können – vor allem einem Ausländer – sehr übel genommen werden. Hier verstehen die Türken keinen Spaß.

■ Beispiel 20: Der neue Präsentationsraum

■ Situation

Während des Praktikums, das Frau Müller in Ankara absolviert,
baut die Firma, bei der sie arbeitet, einen neuen Präsentationsraum. Als er fertig ist, kommt der Geschäftsführer persönlich zu

ihr und fordert sie auf, ihm zu folgen. Stolz zeigt er ihr den neuen Raum. Er will ihr alles vorführen und dreht sogar die Musik auf Discolautstärke, um ihr zu beweisen wie toll das Soundsystem ist. Frau Müller betont immer wieder, wie gut ihr der Raum gefalle. Als dem Geschäftsführer jedoch immer neue technische Geräte einfallen, die er ihr unbedingt vorführen muss, wird Frau Müller die Situation langsam unangenehm. Sie weiß nicht, wie sie dem entkommen kann und versteht nicht, warum dem Mann so viel daran liegt, ihr das alles vorzuführen.

Wie erklären Sie sich das Verhalten des türkischen Chefs?

– Lesen Sie nun die Antwortalternativen nacheinander durch.
– Bestimmen Sie den Erklärungswert jeder Antwortalternative für die gegebene Situation und kreuzen Sie ihn auf der darunter befindlichen Skala an. Es ist möglich, dass mehrere Antwortalternativen den gleichen Erklärungswert besitzen.

■ **Deutungen**

a) In der Türkei wird Deutschland als überlegenes Hochtechnologieland angesehen. Der Türke möchte Frau Müller mit dem technisch perfekt ausgestatteten Präsentationsraum beeindrucken.

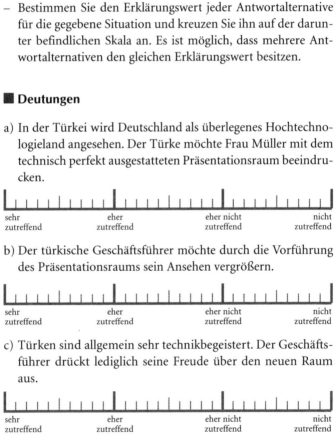

| sehr zutreffend | eher zutreffend | eher nicht zutreffend | nicht zutreffend |

b) Der türkische Geschäftsführer möchte durch die Vorführung des Präsentationsraums sein Ansehen vergrößern.

| sehr zutreffend | eher zutreffend | eher nicht zutreffend | nicht zutreffend |

c) Türken sind allgemein sehr technikbegeistert. Der Geschäftsführer drückt lediglich seine Freude über den neuen Raum aus.

| sehr zutreffend | eher zutreffend | eher nicht zutreffend | nicht zutreffend |

d) Für einen türkischen Geschäftsführer ist es wichtig, dass er über gewisse Statussymbole verfügt, die seine Stellung in der Hierarchie untermauern.

| sehr zutreffend | eher zutreffend | eher nicht zutreffend | nicht zutreffend |

- Versuchen Sie, Ihre Einstufung jeder Antwortalternative zu begründen. Halten Sie die Begründung in schriftlicher Form stichpunktartig fest.
- Lesen Sie nun die Erläuterungen zu jeder Antwortalternative durch und vergleichen Sie diese mit Ihren eigenen Begründungen.

▣ Bedeutungen

Erläuterung zu a):

Deutschland genießt in der Türkei ein enorm hohes Ansehen. Dies basiert zum einen auf den historisch stets guten politischen Verbindungen zwischen den Ländern, zum anderen auf den 2,5 Millionen Türken, die in Deutschland leben und arbeiten und zu einem Großteil darauf, dass Deutschland viele technische Neuheiten entwickelt hat und in die Welt exportiert. Der Geschäftsführer zeigt Frau Müller den Präsentationsraum so ausführlich und erklärt ihr jedes Detail, weil er sich dadurch ihr und ihrem Herkunftsland gegenüber als ebenbürtig präsentieren möchte. Diese Antwort ist für die Erklärung der Situation am zutreffendsten.

Erläuterung zu b):

Ansehen *(şeref)* ist neben Ehre *(namus)* der zweite zentrale Wert, der für einen Türken von enorm großer Wichtigkeit ist (vgl. Themenbereich 1: Ehre und Ansehen). Das Ansehen eines Türken erhöht sich vor allem durch korrektes Benehmen, Großzügigkeit und Hilfsbereitschaft, aber auch durch Macht und Reichtum. Der neue Präsentationsraum drückt ein gewisses Maß an Reichtum aus, wodurch das Ansehen des türkischen Geschäftsführers gesteigert wird. Jedoch handelt es sich in der vorliegenden Situation nicht um einen großzügigen Umgang mit ökonomischer Macht. Das Verhalten des Türken beschränkt sich lediglich auf das Vorführen des Raumes. Demzufolge ist diese Erklärung nicht zutreffend.

Erläuterung zu c):
Die Türkei ist, wie alle Schwellenländer, sehr technikbegeistert. Da erst in den letzten Jahrzehnten der Wandel vom Agrar- zum Industriestaat stattgefunden hat, findet man quer durch alle Schichten eine enorme Begeisterung für alle technischen Neuerungen. Ein solcher Präsentationsraum ist etwas, was nicht selbstverständlich ist. Deswegen freut sich der türkische Geschäftsführer ganz besonders über diese Errungenschaft. Dass er Frau Müller den Raum so ausführlich zeigt, drückt lediglich seine Freude darüber aus. Diese Antwort ist eher zutreffend, bietet jedoch keine ausreichende Erklärung für die Situation.

Erläuterung zu d):
In der Türkei kommt Statussymbolen eine große Bedeutung zu (vgl. Themenbereich 4: Hierarchieorientierung). Es muss stets klar erkennbar sein, auf welcher Hierarchiestufe sich der Interaktionspartner befindet. Der türkische Geschäftsführer kann den Raum als Statussymbol benutzen. Gegenüber der Praktikantin Frau Müller ist dies jedoch relativ unwahrscheinlich. Die Hierarchien zwischen den beiden sind in jedem Fall geklärt, dafür muss er kein Statussymbol verwenden. Die Antwort ist also nicht zutreffend.

■ Lösungsstrategie

In einer solchen Situation wäre es undenkbar, die Vorführung des Raumes abzubrechen. Gegenüber den westlichen Industrieländern existiert in der Türkei ein Minderwertigkeitskomplex, der auf höchst unterschiedliche Weise kompensiert wird. Da Atatürk dem türkischen Volk eingeimpft hat, sich die westliche Welt als Entwicklungsvorbild zu nehmen, besteht besonders gegenüber jemandem, der aus dem westlichen Ausland kommt, ein besonderer Wunsch, die Türkei als modernes und technisch entwickeltes Land darzustellen. Frau Müller bleibt nichts anderes übrig, als die Vorführung über sich ergehen zu lassen und sich immer wieder lobend über die Ausstattung zu äußern. Das ist die einzig richtige Verhaltensweise. In Situationen, in denen ein Türke etwas stolz präsentiert, sollte man sich generell darauf einlassen und sich als westlicher Europäer die Zeit nehmen, es ausgiebig zu bewundern. Ansonsten kann dies zur Folge haben, dass sich der Türke gegenüber einem selbst als extrem benachteiligt empfindet. Dies würde die interpersonelle Beziehung in jedem Fall stören, der Türke würde sich mit Sicherheit zurückziehen und gegebenenfalls die Freundschaft oder Beziehung beenden. Ist man als Angestellter in einer solchen Situation, hätte man von dem türkischen Chef nichts Positives mehr zu erwarten. Schließlich hat man ihn an seinem empfindlichsten Punkt getroffen. Ein durch einen westlichen Europäer verletzter Nationalstolz ist nicht so leicht wiederherzustellen und dem Verursacher ist nicht so leicht oder manchmal auch gar nicht zu verzeihen.

■ Kulturelle Verankerung von »Ambivalenter Nationalstolz«

Türken empfinden ein sehr starkes Nationalgefühl und zeigen dies auch offen. Es gibt eine Reihe von Symbolen und Ritualen, die Einheit, Eigenständigkeit und Exklusivität der türkischen Nation demonstrieren. So findet man an den öffentlichen Plätzen jeder Stadt und sogar in kleinen Dörfern die türkische Nationalflagge, Atatürk-Statuen, -Büsten oder -Bilder. Bereits in der Schule wird den Kindern die Loyalität zur türkischen Nation anerzogen. Jeden Tag vor Unterrichtsbeginn skandieren türkische Schüler bei gehisster Nationalflagge die Worte: »Ich bin Türke, ehrlich, fleißig. Mein Grundsatz ist, die Jüngeren zu beschützen, die Älteren zu achten, mein Land, meine Nation mehr zu lieben als mich selbst. Mein Ideal ist es, aufzusteigen, vorwärts zu schreiten. Mein Leben sei der türkischen Nation gewidmet« (Alanyali, 2004, S. 67). Somit wird bereits in der Schule der Grundstein für die Stabilisierung der kemalistischen Prinzipien gelegt.

Damit geht die Gefahr einher, dass kritisches Denken als antinational und damit staatsfeindlich verurteilt wird. Der Staat übernimmt die Rolle des übermächtigen Vaters, was vergleichbar ist mit dem patriarchalischen Führungsstil, der sich in türkischen Unternehmen zeigt und die Resistenz gegen Eigeninitiative widerspiegelt (vgl. Themenbereich 4: Hierarchieorientierung). Ein Grundgedanke des türkischen Nationalismus ist, dass alle Menschen, die auf türkischem Staatsgebiet leben, türkischer Nation sind. Die türkische Nation und Kultur ist ein über allen anderen Merkmalen, wie Rasse, Geschlecht, Sprache und Religion, stehendes Gut und deswegen sollte jeder glücklich sein, der sich Türke nennen darf. Die Türkei ist ein großartiges, perfektes Land, auf das man stolz sein kann, so lautet die Philosophie weiter. Türken lassen sich diese Tatsache gern bestätigen, indem sie fragen: »Türkiye, güzel mi?« (»Ist die Türkei schön?«). Darauf kann es selbstverständlich keine andere Antwort als »Ja« geben, weil Türken äußerst empfindlich sind, was Kritik an ihrer Nation betrifft. Diese Empfindlichkeit gründet in der kulturellen Neustrukturierung des Landes zu Zeiten Atatürks. Sichtbar wird diese Sensibilität darin, dass viele Türken keine nüchterne Einschätzung von Problemen und Fehlern ihres Landes vornehmen können, weil damit die nationale Identität gefährdet würde. Besonders bedrohlich sind hierbei politische Themen, wie zum Beispiel die Kurdenfrage, die Wahrung von Menschenrechten oder auch der Genozid an den Armeniern zum Ende des Ersten Weltkriegs. Bei kritischen Diskussionen werden Türken sehr emotional und reagieren meist aufgebracht, da sie sich bei Kritik an ihrem Staat sogleich persönlich angegriffen fühlen (vgl. Themenbereich 3: Beziehungsorientierung). Die türkische Identität ist noch sehr jung und fast beschwörerisch weht überall die türkische Flagge. Für einen Türken ist sie eine äußerst heikle Sache und vor allem Ausländer sollten sich bewusst sein, dass es dem Volk quasi anerzogen wurde, sich seiner Geschichte emotional zu nähern. Von kritischer Geschichtsschreibung hat man infolgedessen in der Türkei noch nie etwas gehört.

Die kulturelle Umstrukturierung der Türkei bedeutete die Orientierung an westlichen Werten. Der Westen wurde von Atatürk zum Vorbild deklariert, an dessen Kultur man sich zu orientieren hatte. Somit entsteht eine Hierarchie, in der die Türkei den westlichen Ländern untersteht. Dieser Hierarchisierung versuchte Atatürk durch das Nationalstolz-Konzept entgegenzuwirken. Alle Bürger, egal welcher Abstammung, wurden auf die unbestimmten Begriffe »Nationalismus Atatürks« und »geschichtliche und geistige Werte des Türkentums« eingeschworen. Der Persönlichkeitskern des Bürgers wurde in die Grenzen nationaler Kultur und Zivilisation verwiesen. Das Individuum ist somit vor allem ausführendes Organ des Staates und seiner Ideologie. Diese Ideologie war nun wie gesagt am westlichen Vorbild orientiert. Infolgedessen müssen gerade Türken vor Personen aus dem westlichen Ausland ihren niedrigeren Rang dadurch ausgleichen, dass sie eigene Erfolge und neue technische Errungenschaften besonders betonen. Nur so können sie dem Ungleichgewicht entgegenwirken und ihren Stolz behalten. Außerdem zeichnet sich die Türkei generell, wie viele Schwellenländer, durch eine extrem hohe Technikbegeisterung aus und man ist stolz, Neuheiten präsentieren zu können. So werden beim Besuch in einer türkischen Familie alle Lampen angeknipst und der Fernseher nicht aus-, sondern eingeschaltet. Man ist stolz darauf, das zu zeigen, was man hat – zumal wenn es gegenüber jemandem ist, der aus dem Hochtechnologieland Deutschland kommt.

Zusammenfassend lässt sich also festhalten, dass Atatürk seinem Volk die westliche Ideologie zum Vorbild aufoktroyierte und, um seinen Landsleuten Halt zu geben, ihnen »als Gegengift eine Überdosis Nationalstolz einimpfte« (vgl. Moir, 1999, S. 81). Als Grundlage des neuen Nationalstolzes führte er sechs Staatsprinzipien ein, wobei vor allem die ersten drei, die der Handlungsebene, von Interesse sind. Das erste Prinzip ist der Nationalismus, der das Recht der Türken auf einen modernen, eigenen und souveränen Staat unterstreicht. Der Laizismus, die Trennung von Religion und Staat, symbolisiert den für asiatische Kulturrevolutionen typischen Kampf gegen die Religion. Mit dem dritten Prinzip, dem Reformismus, dessen Grundlage der Glaube an die westliche Denk- und Lebensweise ist, sollte zusammen mit dem Nationalismus der aus dem Laizismus entstandenen ideologischen und geistigen Leere entgegengewirkt werden. Damit überging Atatürk die ethnisch-religiösen Unterschiede zwischen den Bewohnern des türkischen Staatsgebiets. Er schloss die Religion aus dem öffentlichen Leben aus, tauschte das alte islamische Recht gegen eine an europäischen Gesetzen adaptierte Verfassung aus und ersetzte die traditionelle arabische Schrift durch die lateinische, in westlichen Kulturen übliche Schrift.

Zur Zeit des Osmanischen Reichs war die nationale und kulturelle Identität jedoch hauptsächlich durch die Zugehörigkeit zum Islam geprägt. Die osmanische Gesellschaft bestand aus multi-ethnischen Gruppen, die nebeneinander her lebten und die sich einzig und allein über ihre gemeinsame religiöse Zusammengehörigkeit definierten. Er verleugnete damit also eine über 700 Jahre gewachsene Identität, die im Wesentlichen durch Religion bestimmt war und in dessen Zentrum der Sultan stand. Diese bis zu diesem Zeitpunkt gültige, historisch gewachsene Identität wurde abgeschafft und durch eine neue ersetzt. Im Gegensatz zu anderen europäischen Ländern, wie zum Beispiel Frankreich, in denen die nationale Identitätsfindung über Klassenkämpfe erreicht wurde, wurde der türkische Nationalismus von außen in die Bevölkerung eingepflanzt. Alle vorgenommenen Maßnahmen Atatürks schufen eine Art identitäres Vakuum. An die Stelle der Gottesliebe trat die Selbstliebe der Nation, die jedoch vom Volk nicht selbst erschaffen, sondern lediglich von außen übernommen wurde.

Zudem krankt das Volk an einem anderen Minderwertigkeitskomplex aus osmanischer Zeit. Im Osmanischen Reich galt das Türkische als ungeschliffen und primitiv. Die wirtschaftliche Macht war in den Händen der Griechen, das Handwerk wurde hauptsächlich von Armeniern ausgeübt. Anatolien wurde vom Sultan wirtschaftlich und kulturell vernachlässigt. Den Boden beanspruchten Großgrundbesitzer für sich, die anatolischen Türken waren hauptsächlich die Rekrutierungsplattform für die Kriege des Kalifen. Atatürk (wörtlich: Vater der Türken) wollte »sein Volk« von diesem Komplex befreien, indem er ihnen eine neue Form der nationalen Identifizierung anbot: Türke zu sein, weil man auf türkischem Staatsgebiet lebt. Er machte dem Volk klar, dass eine aufstrebende, erfolgreiche Türkei nur dann möglich sein, wenn man sich den Westen zum Vorbild nehmen und alles Bisherige hinter sich lasse. Der Einfluss Atatürks auf die Bevölkerung war immens, weil er eine Aufteilung des Staatsgebiets nach dem verlorenen Ersten Weltkrieg vereitelt und die Unabhängigkeit und Einheit des Landes sichergestellt hatte. Aus diesem Grund waren und sind die Türken Atatürk ergeben und dankbar. Sie nahmen alle Neuerungen, die er einführte, vertrauensvoll an. Da er bereits so viel Gutes für die türkische Nation getan hatte, konnte er nichts Schlechtes für sie wollen. Auch die anatolischen Bauern nahmen die neue Ideologie mit Begeisterung an. Mit den Befreiungskriegen gegen die alliierten Besatzungstruppen hatten sie die Möglichkeit, zum ersten Mal ein wirkliches, stolzes, türkisches Nationalbewusstsein zu erhalten. Noch heute ist Atatürk gleichsam eine Heiligenfigur, die über allem schwebt. Da aber die Reformen des ehemaligen Generals so rasch geschehen waren, blieb keine Zeit, die alte Ideologie sterben zu lassen und die neue Ideologie in den Köpfen der Türken zu verankern. Vielfach blieben die Konzepte Atatürks leere Worthülsen und der Verlust der Religion wurde spürbar. Damit ist auch die Re-Islamisierungswelle, die in den 1950er Jahren einsetzte, zu erklären. Der Wertepluralismus der Gesellschaft war zugunsten einer eindimensionalen, vorgegebenen Identität übergangen worden und hatte eine geistige Leere hinterlassen.

Kurze Zusammenfassung der türkischen Kulturstandards

Ehre und Ansehen

Ehre *(namus)* ist eine der wichtigsten Säulen des türkischen Wertesystems. Sie bestimmt die geschlechtsspezifische Rolle von Mann und Frau und ist ein Gut, das geschützt und verteidigt werden muss. Als Wert steht sie noch über Ansehen *(şeref)*. Ansehen bezieht sich auf die persönliche Würde des Einzelnen, um die man sich als Türke stets bemüht. Eng verbunden mit beiden Begriffen ist der große Stellenwert des *Gesicht-Wahrens oder -Gebens* in der Türkei.

Mitmenschlichkeit

Ein weiteres zentrales Merkmal der türkischen Kultur, das in vielen Situationen zu beobachten ist, ist die große Mitmenschlichkeit, die vorherrscht. *Solidarität und Gemeinschaftlichkeit* spielen in der Türkei eine wesentliche Rolle. Konkret wird dies zum Beispiel an der enormen *Hilfsbereitschaft* deutlich, die allen entgegengebracht wird, die ihr im Kleinen oder Großen bedürfen. Doch auch *Gastfreundschaft* gilt in der Türkei als eins der höchsten Güter.

Beziehungsorientierung

In der Türkei spielen sowohl bei beruflichen als auch bei privaten Kontakten Sachverhalte, also die Sache, um die es geht, eine eher untergeordnete Rolle, vielmehr stehen Beziehungen im Vordergrund. Das zeigt sich durch eine starke *Personenorientierung*, der Mensch steht immer an erster Stelle. Im Arbeitsleben ergibt sich daraus eine *Vermischung von Beruflichem und Privatem*. Zur Erledigung jeglicher Angelegenheiten oder wenn man Hilfe bedarf, wird zunächst immer erst versucht, das *Beziehungsnetz* von Freunden und Bekannten zu nutzen. Die Wichtigkeit zwischenmenschlicher Beziehungen kann in allen Lebensbereichen, in besonderem Maße jedoch innerhalb der Familie beobachtet werden, denn Türken weisen eine große *Familienorientierung* auf.

◾ Hierarchieorientierung

Da in der Türkei in allen Lebensbereichen *ausgeprägte Hierarchien* zu finden sind, wird Türken Respekt *(saygı)* gegenüber Älteren oder Höherstehenden von Kindesbeinen anerzogen. Hierarchiedenken im Arbeitsleben manifestiert sich durch den stark *paternalistischen Führungsstil* des Chefs auf der einen Seite und andererseits durch den *Widerstand gegen Eigeninitiative und Verantwortungsübernahme* bei den Mitarbeitern. Weiterhin existiert besonders in der Berufswelt eine auffällige *Orientierung an Statussymbolen*.

◾ Relativismus von Regeln und Zeit

In der Türkei existiert ein sehr *flexibler Umgang mit Regeln und Zeit*. Regeln haben keinen hohen Stellenwert, gern werden Schlupflöcher in Vorschriften ausgenutzt, wenn das der augenblicklichen Situation, in der man sich befindet entgegen kommt. Neuen, ungewohnten Situationen, die dadurch auftreten, dass sich Abläufe auf diese Art und Weise fast nie wiederholen, sondern immer unterschiedlich sind, wird mit großem *Improvisationstalent* und enormer *Gelassenheit* begegnet. Ähnlich verhält es sich mit dem Konstrukt Zeit: *Zeit* wird im Allgemeinen eine *geringe Bedeutung* beigemessen und *Terminvereinbarungen* werden lediglich als *grobe Richtschnur* betrachtet.

■ Indirekte Kommunikation

Das türkische Sprichwort »Kizim sana söylüyorum, gelinim sen anla« (Kartarı, 1997, S. 102), das soviel bedeutet wie »durch die Blume gesprochen«, beschreibt den Kommunikationsstil der Türken sehr gut. Direkte, offene Worte und vor allem *Konflikte* werden ebenso wie *Negativaussagen vermieden.* Selbst die direkte Äußerung von positiven Dingen, wie zum Beispiel verbales Lob, ist unüblich. Stattdessen nehmen symbolische Anerkennungen und *nonverbale Kommunikation* großen Raum ein.

■ Händlermentalität

Dieser Kulturstandard beschreibt die *unbedingte Geschäftstüchtigkeit* der Türken. Wann immer es möglich ist, versuchen sie ein Geschäft abzuschließen. Um dabei erfolgreich zu sein und Kunden zu gewinnen, weisen sie eine sehr große *Servicementalität* auf. Zudem steht bei einem Geschäft der Preis selten von vornherein fest, vielmehr wird er meist durch intensives *Feilschen* ausgehandelt.

■ Ambivalenter Nationalstolz

Unter ambivalentem Nationalstolz ist eine zwiespältige Einstellung der Türken gegenüber ihrem Land zu verstehen. Einerseits herrscht *unbedingter Patriotismus:* Die Türken sind sehr stolz auf die eigene Nation und zeigen dies auch sehr offen und unverhehlt. Auf der anderen Seite *bewundern sie westliche Länder,* wie zum Beispiel Deutschland, und streben danach, ihre Kultur immer mehr dem Westen anzupassen.

■ Schlussbemerkungen:
Türkei – Auf dem Weg nach Europa?

Am Ende dieses interkulturellen Trainings soll nun auch auf ein Thema eingegangen werden, dass jedem Deutschen beim Stichwort Türkei – neben Urlaubsziel und Türken in Deutschland – sofort einfällt: die EU-Kandidatur der Türkei. Dass diese Thematik durchaus Einfluss auf das Leben eines deutschen Managers in der Türkei hat, wird im Folgenden gezeigt.

Bereits im Jahre 1963 schloss die Europäische Gemeinschaft (EG) einen Assoziationsvertrag mit der Türkei, der der Türkei das Recht eines späteren Beitritts garantierte. Die vereinbarte Zollunion, die zwischen der Türkei und Europa bis 1981 verwirklicht werden sollte, wurde schließlich 15 Jahre später realisiert. 1989 wurde zwar der Antrag auf Vollmitgliedschaft abgelehnt, die prinzipielle Beitrittsmöglichkeit wurde der Türkei jedoch bestätigt.

Im Jahre 1993 formulierte die Europäische Union (EU) die Kopenhagener Kriterien für einen EU-Beitritt, die sich wie folgt darstellen:

- **das politische Kriterium:** institutionelle Stabilität, demokratische und rechtsstaatliche Ordnung, Wahrung der Menschenrechte sowie Achtung und Schutz von Minderheiten;
- **das wirtschaftliche Kriterium:** Eine funktionsfähige Marktwirtschaft und die Fähigkeit, dem Wettbewerbsdruck innerhalb des EU-Binnenmarktes standzuhalten;
- **das Acquis-Kriterium:** Die Fähigkeit, sich die aus einer EU-Mitgliedschaft erwachsenden Verpflichtungen und Ziele zu eigen zu machen, das heißt: Übernahme des gemeinschaftlichen Regelwerkes, des »gemeinschaftlichen Besitzstandes« (»acquis communautaire«).

Die türkische Regierung hat nun einige Anstrengungen unternommen, vor allem bezüglich des politischen Kriteriums, diesen Anforderungen gerecht zu werden. Im Sommer 2002 hat das türkische Parlament ein Reformwerk beschlossen, das ein Drittel der türkischen Verfassung änderte und dessen wichtigste Neuerungen folgende Punkte beinhalten: die Abschaffung der Todesstrafe in Friedenszeiten, die Zulassung der kurdischen Sprache als Schul-, Funk- und Fernsehsprache, die Verschärfung der Kontrolle der Polizeimaßnahmen sowie strengere Anti-Folter-Regelungen sowie die Genehmigung von angekündigten Demonstrationen. Auf dem Papier ist der politische Teil der Kopenhagener Kriterien also erfüllt, jedoch mangelt es immer noch an der Umsetzung der reformierten Punkte. So ist das Strafniveau für Personen, die sich des Folterns verantwortlich gemacht haben, noch immer sehr gering und laut Angaben des Europäischen Gerichtshofs kommt es auch heute noch zu Menschenrechtsverletzungen in verschiedenen Fällen. Zudem dürfen kurdischsprachige Sendungen zwar ausgestrahlt werden, unterliegen jedoch strengen zeitlichen Restriktionen.

Was das wirtschaftliche Kriterium betrifft, so wurde nach der schweren Finanzkrise und Inflation im Winter 2000/2001 ein Stabilitätsprogramm eingeführt, dessen Maßnahmen eine funktionierende türkische Marktwirtschaft garantieren sollen. Tatsächlich ist das türkische Wirtschaftswachstum überraschend hoch und die neue türkische Lira stabil. Dennoch entspricht das Bruttoinlandsprodukt pro Einwohner aktuell nicht annähernd dem EU-Durchschnitt. Durch die finanziellen Subventionen würde die EU durch einen Türkei-Beitritt mit ungefähr 14 bis 20 Milliarden Euro jährlich (die Schätzungen gehen hierbei weit auseinander) belastet werden, wobei man selbstverständlich nicht vergessen darf, dass sich mit der Türkei und ihren 70 Millionen Einwohner ein großer Absatzmarkt eröffnen würde.

Ziel vorliegenden Abschnitts ist es nicht, den Leser umfassend über den Stand der Beitrittsverhandlungen zu informieren – denn dafür ist die Thematik viel zu aktuell und damit schnell veränderlich –, sondern vielmehr bei ihm das Bewusstsein zu schärfen, dass die EU-Kandidatur ein Thema ist, das die Menschen in der Türkei beschäftigt. Für einen Deutschen, der in der

Türkei lebt und arbeitet, ist es deshalb wichtig, ein Grundmaß an Informationen über die Problematik zu besitzen. Experten gehen davon aus, dass die Beitrittsverhandlungsprozess noch die nächsten zehn bis fünfzehn Jahre andauern werden, somit ist es auch im Rahmen dieses Trainings von wesentlicher Bedeutung, auf diesen Aspekt einzugehen.

So zeigt schon das erste Situationsbeispiel in Themenbereich 8, dass Diskussionen über den EU-Beitritt und über die Kriterien, die die Türkei für einen EU-Beitritt erfüllen muss, bei Türken zu sehr emotionalen Reaktionen führen können und sich somit Probleme in der Interaktion mit dem Handlungspartner ergeben. Leicht könnte aus dem Verhalten des Türken der Eindruck entstehen, dass es der sehnlichste Wunsch aller Türken sei, der EU beizutreten. Dem ist beileibe nicht so. Es gibt eine Vielzahl von Türken, die einen Beitritt aus verschiedenen Gründen ablehnen. Dieser Teil der türkischen Bevölkerung wird in Zukunft eventuell noch größer werden, da die anfängliche Europa-Euphorie aufgrund der schleppenden Verhandlungen verschwunden ist. Das spiegelt sich ganz klar im Themenbereich 8 wider, der einerseits die Bewunderung der westlichen Länder, aber andererseits auch einen enormen Nationalstolz beinhaltet. Im Training wurde beschrieben, wie man sich als Deutscher in einer solchen Situation verhalten und worüber man sich bewusst sein sollte. Dazu gehört im Wesentlichen, Fingerspitzengefühl zu zeigen und sich mit zu direkten Meinungsäußerungen zurückzuhalten. Es ist daran zu denken, dass die Orientierung am Westen, aber auch der Stolz auf die eigene Nation bereits zu Zeiten Atatürks im türkischen Volk verwurzelt wurde. Somit sind die emotionalen Reaktionen der Türken auf diesbezügliche kritische Anmerkungen nicht nur kulturell, sondern auch historisch nachvollziehbar.

Letztendlich ist es die Entscheidung jedes Einzelnen, wie er zu einem EU-Beitritt der Türkei steht – den Leser hier in die eine oder andere Richtung beeinflussen zu wollen, ist nicht die Absicht dieses Abschnittes. Man sollte sich jedoch darüber klar sein, von welcher Brisanz das Thema für Türken ist und dass man deshalb mit großer Wahrscheinlichkeit in irgendeiner Form damit konfrontiert werden wird. Spätestens an dieser Stelle können Sie die im Training erworbenen Kenntnisse einsetzen und zeigen, dass Sie in der Lage sind, unter Berücksichtigung der türkischen Kulturstandards ihren Standpunkt darzulegen, ohne die Beziehung zum türkischen Kommunikationspartner zu gefährden.

■ Literaturempfehlungen

Ferner, M. (2004). Kulturschock Türkei. Bielefeld: Reise Know-How Verlag Peter Rump GmbH.
Um einen Kulturschock erfolgreich überwinden oder von vornherein vermeiden zu können, versucht dieses Buch ein tieferes Verständnis von Land und Leuten als herkömmliche Reiseführer zu vermitteln. Es befasst sich dabei mit Denk- und Verhaltensweisen der Türken ebenso wie mit den Hintergründen, die zu diesen Lebensweisen führen, und bietet somit Orientierung im Dschungel des fremden Alltags.

Gün, T. (2006). Business mit der Türkei. Bern u. a.: Haupt Verlag.
Die Vermittlung von Wissen über die politischen, gesellschaftlichen, kulturellen und religiösen Verhältnisse in der Türkei soll Führungskräften, die Geschäftsbeziehungen mit der Türkei unterhalten oder sich aus beruflichen Gründen im Land aufhalten, eine reibungslose Zusammenarbeit mit türkischen Partnern erleichtern und so nachhaltigen Geschäftserfolg sichern.

Güngör, B. (2004). Die Angst der Deutschen vor den Türken. München: Heinrich Hugendubel Verlag.
Das Buch bietet aktuelles Hintergrundwissen zur Diskussion über den Beitritt der Türkei zur Europäischen Union und zeigt auf, was Deutsche an Türken ängstigt. Außerdem wird dargestellt, welche katastrophalen Folgen eine Ablehnung der Türkei als EU-Beitrittsland nach sich ziehen würde – sowohl für die Türkei als auch für Deutschland und Europa.

Kartarı, A. (1997). Deutsch-türkische Kommunikation am Arbeitsplatz. Münster u. a.: Waxmann.
Das Werk ist Ergebnis einer zweijährigen Feldforschung über interkulturelle Kommunikation im betrieblichen Alltag eines Münchner Automobilwerks. Es untersucht potenzielle Konfliktherde wie Störfaktoren im Informationsfluss sowie spezifische Kommunikationsstile im deutsch-türkischen Dialog.

Kinzer, S. (2001). Crescent and Star. Turkey between two worlds. New York: Farrar, Straus, Giroux.
Das Buch beschreibt das türkische Volk mit allen seinen Gegensätzen – zwischen Asien und Europa, zwischen dem Ruhm der osmanischen Vergangenheit und seinen Hoffnungen auf eine demokratische Zukunft, zwischen seinen laizistischen Bemühungen und seinen islamischen Traditio-

nen. Dies alles schildert Steven Kinzer, der 1996 Leiter des Büros der New York Times in Istanbul war, anhand persönlicher Episoden.

Kreiser, K. (2003). Kleine Geschichte der Türkei. Stuttgart: Reclam.

Dieses Buch versucht die Geschichte der Türken und der Türkei in einer sowohl aktuellen und wissenschaftlich zuverlässigen als auch lebendigen und umfassenden Gesamtdarstellung zu vermitteln. Es beschäftigt sich dabei mit Themengebieten wie Politik, Gesellschaft, Wirtschaft, Religion und Kultur.

Moir, A. (1999). Kulturschlüssel Türkei. Ismaning: Hueber.

Der Band ist ein Art Verhaltensführer, der sich an Reisende wendet, die die türkische Kultur bewusst entdecken und erleben wollen. Durch detaillierte Hintergrundinformationen über Denk- und Lebensweisen der Türken können Fettnäpfchen vermieden und angemessenes Verhalten kennen ge lernt werden. So werden die Voraussetzungen für einen verständnisvolleren Umgang mit Sitten, Denkweisen und Tabus der Türkei geschaffen.

Seufert, G. (1999). Café Istanbul. Alltag, Religion und Politik in der modernen Türkei. München: Beck.

Günter Seufert porträtiert in diesem Buch die moderne türkische Gesellschaft. Er beschreibt dabei die Rückkehr des Islams in die politische Arena der Türkei und geht der Frage nach, warum der politische Islam gerade zu einer Zeit in höchster Blüte steht, zu der die westliche Kultur in Medien und Mode, Lebensstilen und Produkten stärker im Land vertreten ist als je zuvor.

Seufert, G., Kubuseck, C. (2004). Die Türkei. Politik, Geschichte, Kultur. München: Beck.

Geboten wird ein ebenso aktueller wie fundierter Überblick über Geschichte, Politik, Gesellschaft und Kultur der Türkei. Im Mittelpunkt steht dabei der politische Umbruch, in dem sich das islamische Land auf dem Weg zur EU-Mitgliedschaft befindet.

■ Literatur

Alanyali, I. (2004). Gebrauchsanweisung für die Türkei. München: Piper.

Auswärtiges Amt (2006). Beziehungen zwischen der Türkei und Deutschland. Zugriff unter: http://www.auswaertigesamt.de/diplo/de/Laenderinformationen/Tuerkei/Bilateral.html (Stand: April 2006).

Barzel, S. (2005). Europa auf einen Blick. Zugriff unter: www.europa-auf-einen-blick.de (Stand: 03.11.2005).

Bayraktaroğlu, A. (2000). Culture Schock! A guide to customs and etiquette. Turkey. Portland, Oregon: Graphic Art Center Publishing Company.

Deutsche Botschaft Ankara (2006). Wirtschaftliche Beziehungen. Zugriff unter: http://www.ankara.diplo.de/Vertretung/ankara/de/Startseite.html (Stand: 30.09.06).

European Commission (2006). Special Eurobarometer: Attitudes towards EU enlargement. Zugriff unter: http://ec.europa.eu/public_opinion/archives/ebs/ebs_255_en.pdf (Stand: Juli 2006).

Kartarı, A. (1997). Deutsch-türkische Kommunikation am Arbeitsplatz. Münster u. a.: Waxmann.

Moir, A. (1999). Kulturschlüssel Türkei. Ismaning: Hueber.

Türkiye Cumhuriyeti Başkanlık (2006). Türkiye Istatistik Yilliği. Zugriff unter: http://www.tuik.gov.tr/yillik/yillik.pdf (Stand: Mai 2006).

Sylvia Schroll-Machl
Die Deutschen – Wir Deutsche
Fremdwahrnehmung und Selbstsicht im Berufsleben

3. Auflage 2007. 216 Seiten mit 2 Abb., und 1 Tab., kartoniert
ISBN 978-3-525-46164-8

Die Globalisierung ist inzwischen allgegenwärtig. Diese Tatsache stellt viele Menschen vor neue Situationen: Kulturunterschiede sind nicht mehr nur etwas, was Touristen fasziniert und Wissenschaftler anregt, sondern sie sind weitgehend Alltag geworden, insbesondere auch in beruflichen Zusammenhängen.

Das Buch wendet sich an beide Seiten dieser geschäftlichen Partnerschaft: zum einen an jene, die mit Deutschen von ihrem Heimatland aus zu tun haben, oder als Expatriate, der für einige Zeit in Deutschland lebt, zum anderen an die Deutschen, die mit Partnern aus aller Welt im Geschäftskontakt stehen, sei es per Geschäftsbesuch oder via Kommunikationsmedien. Für die erste Gruppe ist es wichtig, Informationen über Deutsche zu erhalten, um sich auf uns einstellen zu können. Für Deutsche selbst ist es hilfreich zu erfahren, wie unsere nicht-deutschen Partner uns erleben, um uns selbst im Spiegel der anderen zu sehen.

Sylvia Schroll-Machl berichtet auf dem Hintergrund langjähriger Praxis als interkulturelle Trainerin und Wissenschaftlerin über viele typische Erfahrungen mit uns Deutschen und typische Eindrücke von uns.

Es geht ihr aber auch darum, diese Erlebnisse und Erfahrungen aus deutscher Sicht zu beleuchten, damit die nicht-deutschen Partner entdecken, wie wir eigentlich das meinen, was wir sagen und tun. Zudem beschäftigt sich die Autorin auch mit den kulturhistorischen Hintergründen, die uns Deutsche prägen.

Auch in englischer Sprache erhältlich:

Doing Business with Germans
Their Perception, Our Perception
ISBN 978-3-525-46167-9

Vandenhoeck & Ruprecht